新媒体环境下高校教育教学与教学管理的实践探索研究

聂　楠◎著

吉林出版集团股份有限公司

图书在版编目（CIP）数据

新媒体环境下高校教育教学与教学管理的实践探索研究 / 聂楠著. — 长春 ：吉林出版集团股份有限公司，2022..10

ISBN 978-7-5731-2474-6

Ⅰ. ①新… Ⅱ. ①聂… Ⅲ. ①高等学校－教学管理－研究 Ⅳ. ①G647.3

中国版本图书馆 CIP 数据核字 (2022) 第 190160 号

新媒体环境下高校教育教学与教学管理的实践探索研究

著　　者　聂　楠
责任编辑　滕　林
封面设计　林　吉
开　　本　787mm×1092mm　1/16
字　　数　190 千
印　　张　8.75
版　　次　2022 年 10 月第 1 版
印　　次　2022 年 10 月第 1 次印刷
出版发行　吉林出版集团股份有限公司
电　　话　总编办：010-63109269
　　　　　发行部：010-63109269
印　　刷　廊坊市广阳区九洲印刷厂

ISBN 978-7-5731-2474-6　　定价：68.00 元

前　言

高校作为人才培养的重要基地，承担着社会人才输出的重任，尤其是随着近些年教育体制改革的不断深入以及学校生源数量的不断增加，高校教育教学管理工作就显得越发重要，对此笔者将从当下高校教育教学管理现状出发，并提出相关策略，希望能够更好地推动我国高校的发展。

在高校办学发展过程中，高校教育教学管理是办学水平的根本保障，同时也是高素质人才得以充分输出的基础，因此高校教育教学管理工作规范化就显得越发重要。但是从现阶段的高校教育教学管理现状分析，这其中还存在着很多的问题，影响了高校的发展。因此对于高校而言，未来的工作重点就是加强教育教学管理，从而切实地提升高校的教育教学管理水平。下面针对高校的教育教学管理现状及对策进行详细分析。

高校的教学管理体系除了存在教学管理理念落后的弊端外，还存在教学管理方式陈旧的现象。当前，很多高校仍旧采用行政化的教学管理方式，这种教学管理方式在以前对学生管理起到了很大的作用，但随着社会的进步，行政化教学管理方式的弊端也逐渐显现出来，它在很大程度上抑制了学生的思想及行为的发展，阻碍了学生的全面发展。高校的教学管理水平、教学质量也得不到提升，因此改革与创新高校教学管理体系刻不容缓。

随着高等教育的普及，高校学生的数量也越来越多，高校教学管理教师需要管理的学生也越来越多，管理教师不可能兼顾到每一个学生，这就要求高校管理教师不断地提升自己的管理能力，从而更好地进行管理工作。此外，受传统观念的影响，高校教学管理教师注重个人的发展以及专业的提升，而忽视了对学生的管理，从而导致高校教学管理工作效率低下，阻碍了高校的发展，也不利于学生综合素质的提升。

目 录

第一章　高校教育教学概述

第一节　教育教学方法问题及创新

知识作为无形的生产力为社会创造了极大的财富，也促进着人类社会的进一步发展。而“人”作为社会的主体，其个人的发展状况受社会发展状况制约的同时也在影响着于社会的发展。所以要想社会处于不断进步的状态，就需要通过教育培养出具有高素质、高能力的创新型人才，从而为社会创造出更大的价值。而要想达到这一目的，高校在进行教育教学的过程中就必须做出改变。本节针对我国高校教育教学的现状，对于创新型教学理念做简单的研究，对如何改善教学方法提出简单论述。

进入 21 世纪后，我国的经济、政治、文化以及科技等领域都处于飞速发展的状态，在这种发展形势下，社会和国家对高校教育教学提出了较高的要求，为确保高校所培育的人才能够满足社会需求，高校在教育教学过程中也做出了相应的改革。为确保高校学生具有较为完备的专业知识、较强的身体素质和心理素质，高校在教育教学过程中不仅完善了理论教学方式，还通过各种教学活动对实践教学内容做出了改善。在着重培养学生动手能力的同时，也进一步引导学生在未来的生活、工作中如何将所学知识转化成具体操作，使学生在获得个人价值的同时，也为社会创造更多的价值。所以如何培养具有高素质和创新思维的人才，是高校现在面临的主要问题，要想确保高校教育教学能够有质量的保证，还需要从学校自身的发展状况入手，实事求是，找出创新教学的方式。

一、高校教育教学中存在的问题

教学内容过于保守。现在我国各高校沿用的教学内容都是学校成立之初规定的，在多年的教育教学过程中，虽然也做出了相应的修改，教学内容的分布也较为合理，但是在实际的教育教学过程中，还有较多的不足。例如，不同专业中教材内容的搭配不符合时代教育的要求，教材知识讲授的先后顺序缺乏一定的考量，学生在学习过程中出现知识脱节的现象。在现在的高校中，教育教学方式一直是以书本为主，多媒体设备为辅；以教师讲授为主，学生主动学习为辅。“填鸭式”教学依旧是影响高校教学效率提升的主要因素。

人才培养与社会需求相脱节。“就业率”的高低是检验一所大学教学是否成功的标准。每年高校毕业季之后，我国教育管理部门都会对高校学生的就业率进行调查，虽然近年来各所高校的就业率都得到了很大的提升，在高校就业生中也很少出现就业难的问题，但是这并不代表每一位高校就业生都找到了一份适合自己的工作，也并不代表每个企业都获得了适合该企业发展的优秀人才，有很多学生在毕业以后所获取的工作都与自己在大学中所学的知识不相配。这一现象是社会的发展现状造成的，也是高校的教育教学方式造成的，更是由学生个人的发展状况造成的。对于一些学习能力较差的学生来说，学习自己并不感兴趣的知识是一件难事。所以在高校学生中，有很多学生所选的专业并不是自己所期望的，也并不是自己所擅长的，进而在进行专业进修的过程中，难免会出现懈怠心理，学校在教授这部分学生专业知识的时候也很费力，加之每个教师的教学方式不同、教学能力有限，使这部分专业的学生在学习过程中根本没有能力去熟悉掌握专业知识，导致个人的专业素质得不到提高，无法满足社会对此类专业人才的需求。

学校教学管理方式陈旧。在高效教育教学过程中，学校一直要求教师要规范教学、统一教学，在确保教学活动具有有效性的同时，也要保证教学内容符合教育需求。但是在实际教学过程中，这两项内容似乎不能进行完美的结合。保证教学的规范性和统一性就是在要求教师按照传统的教学方式教授学生所需知识，教学活动只能固定在课堂中，固定在多媒体设备中。教师一旦按照这种教学管理目标进行教学活动，教育教学的效率就很难得到提高，因为在此过程中，教师和学生的思维都受到了限制，并不是每个教师都具有丰富的教学经验，能够使每堂课的知识传授都达到期望的标准。在这种教学管理模式中，无论教师还是学生，都很难发挥主观能动性和创造性。

二、教育教学的创新研究

改善教学指导思想。高校教育教学的指导思想一直是以传授学生的专业知识为主，使学生在以后的工作过程中能够具有相关的专业技能。但是在这一教学指导思想落实的过程中，往往存在着很大的偏差，教学成果远远没有期望的好。所以要想保证高校教育教学发挥出最大的优势，就必须完善教学指导思想，改变传统教学理念的束缚，并且要求教师在教学过程中，不仅要以传授知识为主要目标，还要以引领学生自主理解知识为重要目标，激励学生在学习过程中构建自己的知识框架，教师在教学过程中能合理地布置知识研究内容，以保证每个学生都能够主动了解所学知识，加深对所学知识的印象，并通过教师的引导来掌握知识。

教学内容的改革。教学大纲作为教师进行教学活动的指导性文件，其规定的内容不仅是教师教授的内容，也是学生所要学习的内容。所以高校要想对现有的教育教学情况做出改善，首先就应该根据实际教学情况，对学生学习的主要内容做出调整。要合理修改教学大纲中的内容，根据时代发展的状况以及学生的学习情况做出教学内容的修改，对于教学大纲中比较落后的教学内容以及不符合时代发展理念的教学内容予以删除。另外，在制定教学大纲的过程中要本着发展的眼光去对待高校教育教学的变化，最好是以阶段性管理为方法，不断更新教学大纲中的内容，保证其能够在特定的时间内发挥出最有效的作用。而内容更新的时间可以根据学校的发展状况来定，也可以根据社会的发展状况来定，最好是以 10~12 年为一个周期，根据每代人的发展需求来调整。只有这样才能保证学生所学习的知识符合社会的需求，以此保证学生获得的知识具有实用性和前瞻性。

深化教学体制改革，完善教学方法。各高校要想适应社会的发展需求，保证培养出的人才能够为国家和社会创造出更大的社会价值。在教育教学过程中，就必须做出相应的改革，其中较为重要的就是教学体制改革，而教学体制改革的重中之重就是管理体制的变革。在如今的高校办学过程中，学校在进行管理的同时要更加注重“以人为本”，保证教师和学生在工作和学习中都能获得保障，在维护学校与教师间以及学生间的关系的时候，要充分发挥出管理制度的平等性和人文性，并处理好个体与集体的关系，保证学校能够为学生提供和谐舒适的学习环境，为教师提供公平合理的竞争平台，通过相应的管理制度使教师在教学过程中，更加注重自己的教学成果，并要求其在教学方式上做出不断的调整，保证教学方法具有高效性。

学校不仅是学生获取知识的地方，更是学生提高个人素质，完善个人能力的地方。学校要想使教育教学活动更好的发挥出其所具有的优势，就要在教育教学过程中，让学生进一步明确知识的重要性。要以积极的方式去引导学生，让学生明确知识是提升一个人生命价值的手段。在知识经济时代的今天，学生要想通过良好的方式获得生活所需，就要继续学习，利用知识武装自己，找到自己的奋斗目标。

第二节　高校教育教学质量的提升路径

高校的发展与教育教学质量息息相关，在现代社会快速发展转型的关键时期，教育教学质量已成为高校生存和发展的“生命线”。党的十九大报告中关于如何发展推进教育事业做了重要表述，为现代教育事业的发展指明了方向。高等院校应紧抓质量发展这一生命线与风向标，深究影响教育教学质量的各项因素，有针对性地探索高校发展之道。

党的十九大报告提出，建设教育强国是中华民族伟大复兴的基础工程，必须要把教育事业放在优先位置，深化教育改革，加快教育现代化，办好人民满意的教育。我们要以习近平新时代中国特色社会主义思想为指导，深入贯彻落实党的十九大精神和习近平总书记在全国教育大会上的重要讲话精神，发展高等教育事业，构建高校教育教学质量保障体系。提升教育教学质量是当前我国高校发展的主体与共同愿景，也是高校教育教学的核心要务。

一、影响高校教育教学质量的因素

研究现状目前是在高校教育教学质量影响因素研究中，既要从我国的发展实际出发，又要借鉴优秀的研究成果，以优秀的研究成果作为高校教育教学体系构建的基点。同时，为高校教育教学质量保证体系的执行落实提供借鉴参考，提升高校教育教学质量保证体系的实效性与科学性。

国外学者对高校教育教学质量影响因素的研究。美国斯坦福大学退休教授李·舒尔曼（Lee.S.shulman）指出，影响高校教育教学的因素是多样化的，并且提出在教育教学过程中，教师、学生、课程是主要影响因素。教师层面主要指教师的思想观念、研究能力对教学内容、学术活动以及教学活动的影响。学生层面则是外界环境对学生判断力、思维养成、习惯感知、思想观念等的影响。在课堂层面，Lee Shulman 提出课堂是教师与学生联系的桥梁与纽带，教学活动直接影响着学生的能力。① 国外学者迈克尔·邓金（Michael J. Dunkin）指出预知（教师的教育教学经历和体验、专业成长历程及专业认同度）、环境（学生的成长环境、学校环境、社会环境）、过程（课堂教学组织与学生评价）、产出（学生人格成长及变化）是影响高校教育教学质量的主要因素。②

在国内学者对高校教育教学质量影响因素的研究中，北京大学王义遒教授提出，不良社会风气、学生规模快速增大、师资力量不足、教学硬件设施欠缺、学制缩减、教学目标定位不当、管理不到位等均是影响高校教育教学质量的主要因素。同时强调社会风气，即教风、学风是最大的影响因素。③ 广西师范大学周琨武、黄敏认为教育教学质量是多项指标的综合反映，其影响因素主要有教师因素，即教师的学识与师德;学生因素，即生源状况、思维与创新能力、学习态度等；教育技术因素，即多媒体等现代化教育设备不齐全，教师操作方法不熟练；课程结构因素，即课程结构不合理；教学管理因素，即高校内部的各项管理状况；教学设施因素，即教学设备、图书资料、实验仪器的储备不足；实践教学因素，即实践教学落实不到位。④ 洛阳大学董延寿指出影响我国高校教育教学质量的主要因素在于教育经费投入不足，学校领导过于重视外部建筑建设，而忽视了整体教育教学质量的提升。在大众化教育教学背景下，生源质量有所降低，教学设施不完备，教学条件有待改善，质量评价体系不完善。⑤

综上，国内外学者主要从教师、学生、教育过程等方面入手，对高校教育教学质量的影响因素进行了探索，为本书的研究提供了许多有价值的理论依据。多数学者侧重于教与学两方面，但影响高校教育教学质量的原因有很多，各个环节、各项因素都有可能影响教

① Lee Shulman, "I.S.Knowledgeand leaching : Foundations of the New Reform" [J]. *Harvard Educational Review*, 1987(1), p.57.

② 邓金 . 培格曼最新国际教师百科全书 [M]. 教育与科普研究所编译 . 北京：学苑出版社，1989.

③ 王义遒 . 当前我国高等学校教学质量的估计 [J]. 高等学校本科教学质量论坛，2007.

④ 周琨武，黄敏 . 高校本科教学质量影响因素探析 [J]. 黑龙江教育，2008(1)：161-163.

⑤ 董延寿 . 影响我国高等教育教学质量的主要因素与对策 [J]. 洛阳大学学报，2007(1)：105-110.

育教学质量。因此，笔者从教师、学生、课程、教学资源等方面出发，探讨影响高校教育教学质量的因素，以强化本研究的客观性与全面性。

（一）教师因素

教师是教育教学活动的组织者、实施者，教师的教学水平直接关系着教育教学的质量。在大众化教育的发展趋势下，高校扩招趋势明显，师资配备不及学生规模扩大之速，导致师资力量薄弱、师资数量欠缺，教学活动难以顺利开展。教师学术背景、教育能力、专业技能等是开展教育教学活动的基础。但一些教师忽视了对自身知识与技能的更新与完善，很难适应快速发展的高校教育教学要求。另外，有些高校将教师科研成果作为评价指标，导致教师只专注于科研工作，而忽视了教育教学工作的开展，敷衍应对教育教学的各项工作。高校教育教学质量的提升需要教师的全程参与，然而有些教师忙于学术研究及参与社会活动，极少愿意带课，因此导致高校缺乏高水平的师资队伍。

（二）学生因素

学生是教育教学的主体，更是教育教学质量的决定性因素，学生的自主学习意识与能力直接影响着教育教学的整体质量。尤其是在高校扩招背景下，录取门槛的降低在一定程度上影响了生源质量，随着越来越多的学生进入大学校园，学生的知识储备和学习能力各异，无形中加大了教学难度。在应试教育的影响下，进入高校的学生仍然固守被动接受知识的习惯，创新思维有待开发。另外，有些学生认为进入大学后课业压力不大，只要保证不挂科，能够拿到毕业证即可。因此，学生的日常学习态度不端正，学习目标浅显化，迟到、早退等现象极多，严重影响了高校教育教学质量的提高；还有些学生觉得当下所面临的就业压力极大，在校期间将精力集中于考取各种证书上，无法顾及正常的课程学习，导致高校教育教学质量下降。

（三）课程因素

教育教学活动的开展需要通过课程教学来实现，课程体系、课程结构直接影响着教育教学质量的提升。当前高校教育教学工作中普遍存在着课程体系构建不完善，教学内容偏向记忆性的理论论述，缺乏创新性教学内容，且教材内容更新速度与社会发展需求相脱节，难以有效地培养学生的创新思维和创新能力。专业课程建设侧重学科特征而忽略了学科的交叉性，不利于复合型人才的培养。

（四）教学资源因素

教育教学资源包括教育经费、教学设备、实验仪器、图书资源、教学条件等软硬件设施。近年来，国家不断加大高校软硬件设施的投入力度，新媒体教室、语音教室、实验楼等不断改扩建，多媒体设备、实验设施以及图书资源不断扩充，但学生规模也在快速扩充，导致学校在软硬件教学资源的投入上仍显滞后。

（五）其他因素

高校教育教学活动是一项系统、复杂的工程，其包括诸多内容与环节，各项内容与环节都与教育教学质量紧密相关。对教育教学质量的影响除了上述因素外，还包括校风学风建设、实习实践机会、学术研究环境、教学管理理念与管理制度、学校日常管理状况以及社会的支持与帮助等内外部因素。

二、提高高校教育教学质量的措施

强化师资队伍建设。教之本在于师，不管何时，教师是教育教学活动的根本，是教育教学质量得以保障的决定性力量。在高校扩招背景下，学生数量激增，导致师资力量不足，教师年龄出现断层的问题。各高校应在教师竞争上岗、学生选课选教师的竞争机制下，创新引入机制。例如，教师挂牌上课，对于选课人数多的教师给予表扬及实质性的奖励，激发教师教学的积极性；可以提高教师待遇，强化教师的教学动力，促使教师全身心地投入教育教学活动中；还可以返聘有丰富教学经验及学术研究能力的离退休教师重返教学岗位。这样既可以留住优质的师资力量，退休教师还可以对年轻教师的教学工作给予相应的指导，发挥传、帮、带的作用。同时，高校应加大青年教师的培训力度，提升其专业技能及教学能力，以弥补师资不足的问题。

优化专业结构设置

第一，以市场需求为导向，调整专业设置。社会需求是高校人才培养的导向，也是高校教育教学的指南。现代社会信息化、科学化发展迅速，社会需要的是应用型、创新型、复合型的人才。因此，高校在专业结构设置上，应该密切把握市场发展动态，加强高校内涵建设，调整学科专业结构，以精品专业打造高校品牌优势，促进教育教学质量的不断提升。

第二，基于专业培养目标，完善教学体系。实现培养目标是完善教学体系的目的，高校教育教学讲究知行合一，学以致用。对此，高校在教育教学体系设计上应统筹理论教学与实践教学的关系及落实力度，针对不同专业的培养目标及发展需要，合理调整理论教学与实践教学的比例，在教学中根据专业特点与培养需求，适时增减教学内容，使其契合现代高校人才培养需求与未来就业、创业需求。

第三，创新教材内容，促进专业发展。高校可根据学科建设需求更新教材内容，采用新编教材，尤其是财经、理工、农医等发展较快的专业需要使用近 3 年编制的教材，以确保高校教育教学内容始终处于时代发展的前沿。

强化学风、教风建设。学风，即教育教学环境。良好的教育教学环境能让学生沉浸在积极的学习氛围中，在潜移默化中激发学生学习的积极性。高校在学风建设上，可从规范考风考纪入手。教育家陶行知将考试作弊的危害归纳为：“欺亲师、自欺、违校章、辱国体、害子孙。”对于考试作弊问题，高校管理者应加强监管，通过张贴悬挂警示语向学生说明作弊之害，严格把控考试过程，利用电子屏蔽仪屏蔽电子设备信号，对学生加强防范，加大教育与引导力度，严惩作弊行为，在全校范围内营造良好的学习氛围。教风是教育教学精神、态度与方法的结合，是教育教学之风气，良好的教风可以带动学风。教师是学生的榜样，学高为师，身正为范。因此，高校管理者应该加强师德师风建设，着力培养教师的教育思想、职业素养。教师应从自身做起，增加自身知识储备，具有高度的教育责任心与敬业心，对学生有爱心和耐心。认真对待每一堂课、每一个学生，创新教育教学方法，丰富教育教学内容，活跃课堂氛围，努力营造良好的教学风气。优良的教风和学风可以促进教师与学生共同发展，可以为高校教育教学质量的提升营造积极的外部氛围。

第三节　高校教育教学改革的动力机制

自我国改革开放以来，对于教育的重视程度越来越高，尤其是对高校教育教学改革更是成为教育行业的主要研究方向。但是，由于教育体系本身具有的复杂性，其中或多或少存在一些问题。因此，着重对整体改革过程中的动力机制进行探讨，将有助于教育行业的长远发展。本节旨在针对高校教育教学改革过程中的动力机制问题，结合外部因素和内部因素的共同作用，通过两者之间相辅相成的关系，促进动力机制在高校教育改革过程中发挥巨大的作用。

由于“科教兴国”、“知识就是力量”等教育理念逐步深入人心，高等学校的教育教学改革成为社会共同关注的热点问题。根据相关文献综述和资料显示，各学者将高校教育改革的主要动力机制分为两个方面：一是外部动力机制，是促进改革进步的显著诱因；二是内部动力机制，是实实在在的改革基础和关键。只有将两种动力机制有效地结合在一起，才能有力地促进高校教育教学的改革，为我国的建设培养优秀的人才。

一、高校教育教学改革动力机制的含义解析

所谓机制，字面意思既可以指有机体的构造、功能及其相互关系，又可以指机器的构造和工作原理。但是，在本节中的意思，其实是一种社会学范畴下对领域具体解析的概念，根据相关知识，可以分为推动机制、发展机制以及联系机制等。其本质则是用于描述动力和事物发展过程之间运动、发展的内在联系。而推动机制、发展机制、联系机制三种机制之间的相互联系，能够有效地促进社会有效力量的形成，从而促进事物在历史长河中的发展和变化。而且是向积极的方面发展，有助于引导低级别的事物，并促使其向着高级别的方向进行发展。因此这一机制在高校教育改革的应用过程中具有重要意义。高校教育教学改革的动力机制就是这样一种宏观变化机制，在借助外部动力机制的引导作用下，结合内

部动力机制，两者相互借鉴，从而在整体上推动高校教育教学改革的发展。

二、促进高校教育教学改革发展的动力因素

（一）外部动力因素

高等学校与中学、小学的不同就在于其具有相当大的独立性和自由性。无论是上课的形式还是学生自主学习的能力、教师的授课方式等，都具有相当的多样性。但是也有人将高等学校，也就是大学称为“象牙塔”，认为这是一种与社会脱离的环境，可是实际上高校就是一个系统性的结合体，不仅能与内部的学生、教师等发生关系，更是与社会上的各种因素具有千丝万缕的关系。就目前来说，我国主要在高校教育教学改革方面借助政府的调控和师生的参与形成多种具有促进性的动力因素。其中，外部因素主要指的是社会环境中的因素，例如经济、文化、科技等在发展过程中对高校提出的新要求、新动力。不能够忽略的一方面则是各高校之间由于教育系统不同而产生竞争，从而形成的外部动力。这些外部动力因素都和高校教育教学改革息息相关，并且在政府和社会、教育家、教师以及学生等多方的共同参与下，以行政条令作为标准，公众参与作为灵活操作手法，来实现一种自下而上和自上而下相互结合的改革平台形式。

1. 科技因素

在现阶段的中国，乃至世界的发展过程中，科技象征着一个国家现代化、力量化的地位。因此，科技对于高校教育教学改革也具有重要的促进和驱动作用。大部分高校在发展过程中，由于经济和科技力量不足，往往在改革进程中会出现“改革惰性”。教育模式多是沿用传统的“填鸭式”教育，只注重对学生知识能力的培养，而忽略了其实践能力的培养。科学技术作为一种实践性和操作性极强的动力因素，已经被广泛认知为社会发展的“第一生产力”，从而成为促进整个社会迅速发展的催化剂。那么就必须认识到科学技术在高校教育教学改革中的重要性和挑战性。只有有选择性地摒弃传统教育模式下的改革弊端，借助科技的发展，来改善教育进程中先进要求和落后手段所激发的矛盾。

2. 经济因素

经济是人类在社会生存中必备的物质基础，也是对生活水平、精神层面有效提升的决定性因素之一。因此，它也会对高校教育教学改革产生一定的影响。一方面，经济为高校教育教学改革提供物质保障，使其在改革进程中不受经济条件的制约。另一方面，高校对经济的使用，也将渗透到改革的各个环节中去。例如，高校的管理制度改革，只有在充裕经济条件的支持下，各类基础设施才能完备，才能有效地促进对高校自然环境、教育环境、生活环境的改善。当然，经济更多的是对高校教育体制和专业结构的丰富性形成做出巨大的贡献。

3. 人文因素

人文因素主要是由参与高校教育教学改革的多方角色决定的。人们通常的思想水平、

价值观念、心理态度等人文性较强的方面对高校教育教学改革具有重要的作用。传统只注重知识水平的提升，这是片面的，只有将人文情怀和实践能力、操作能力等有效地结合在一起，使其在高校改革过程中，各个主体的思想、观念都焕然一新，才能有效地推动高校教育教学改革进程。

4. 竞争因素

竞争多是来自同一领域不同层次的高校之间，彼此能够形成有利的竞争和合作意识，使高校改革成为一把双刃剑，既能够促进其优秀方面更大的发展，也能够增多其弊端的暴露，并加以改进。辅助以政府、科技、经济、人文等方面，来共同促进高校教育教学改革的顺利进行。

（二）内部动力因素

外部动力因素对于高校教育教学改革具有一定的推动性和引领性，但仅仅在这方面努力是不够的，只有结合学校内部的教育体制和文化生活等内部动力因素，才能够使改革处于时刻变化的状态之中，实时解决改革中出现的相关问题。

1. 人才因素

高校教育最为主要的目的就是为国家的建设培养多方位、专业化的人才。因此，人才因素是促进高校教育教学改革的主要内部动力因素之一。由于生源的扩招和教育水平的提升，使得越来越多的学生能够进入大学学习，一方面促进人才的培养，另一方面也预示着我国的高等教育进入了大众化的阶段。高校放低招生要求，学生的质量和能力有可能不会满足学校的要求，所以，大量的学生在毕业之后找不到工作，无形之中增添了社会压力。因此，在面对这一消极事态的发展过程中，优秀人才的培养需要成为高校改革的主要出发点。

2. 教育因素

所谓改革就是改掉不好的，提倡向好的方面发展。教育改革则是为了将高校教育教学过程中的不良现象进行清除，促使整个发展阶段是在社会需要的前提下，朝着更好的方向发展。只有改掉现阶段高校教育中的弊端，对症下药，将不合常理的方面进行控制或者消除，才能够使高校教育教学改革具有意义。

3. 自主因素

自主因素是根据高校在办学过程中具有的办学自主权提出来的，即高校具有自主决策权、执行权、发展和约束权。但是这些权利需要社会、政府等上级机构做出保障，用宏观调控和微观处理的手法结合起来，促进高校的改革能够适应社会的发展要求，从而使其得到一定的保障。

（三）内外部动力因素的联系

内部动力因素和外部动力因素相互结合，彼此提供保障，共同作用于高校教育教学改革进程。这是因为自然界中存在的事物都离不开外在力量的推动和内在力量的调控，对于高校改革来说，改革的过程既需要国家、政府以及经济以及科技等宏观因素的调控，也需要结合高校自身的情况，充分发挥其内部师生自主性以及教育资源的公平性，才能实现高校教育教学改革的顺利完成。

综上所述，高校教育教学改革需要紧跟时代步伐，结合外部动力因素和内部动力因素，形成具有协调性的动力机制。无论内外部动力因素影响，我们都能积极地做好本职工作，发挥本体的能动性，才能够促进高校教育教学改革的成功，为我国的人才培养做出巨大的贡献。

第二章　新媒体环境下高校教育教学概述

第一节　新媒体与高校新型教学互动

信息技术快速发展促进教育教学变革，好的教学效果只有在教学互动中形成，新媒体环境下针对当今高校教学互动的困境，探索通过师师交流互动改变传统教学模式，生生交流互动激发学生的学习积极性，师生互动培养学生对知识的综合应用和分析能力，构建新型师生互动教学模式，给学生提供新的学习和发展体验。

在信息技术飞速发展的时代，利用数字技术、互联网、电脑、手机等向用户提供信息的传播方式已经变成常态。数字化的新媒体时代，微课、慕课等给我们提供了充足的教学资源；毕博、微助教等为我们创造了便捷高效的教学平台。各学校大力融合信息技术改进教学模式，实施线上与线下混合教学模式，以学生为中心，培养学生的创造力。但好的教学效果只有在教学互动中才能形成，好的教学互动是师生共同完成的。

一、目前一些高校师生互动的困境

高校教学互动是师师、生生、师生双方交流情感、沟通思想和传递信息的双向交互过程。尽管数字技术和互联网飞速发展促进教育变革，但目前教学互动仍然存在困境。

（一）单向为主、缺乏交互影响

传统课堂一直以来以教师为主，教师掌握教授知识的主动权，学生被动接受知识，双方形成“主体—客体”的单向关系。在教学中主要表现为教师讲课学生听，较多的学生处于被动接受知识的状态，为完成任务而学习，学业成为负担，敷衍了事。

（二）控制性为主，缺乏民主交流

在师生关系中，由于教师对权利、知识等资源占有不等，具有管理权，学生处于服从的地位，这种教学模式培养的学生大多数唯命是从，胆小不敢质疑，继而不善于思考，很大程度上限制了学生的想象力和创新能力。

（三）以课堂为主，缺乏交互反馈

目前，大多数师生互动仍然以课堂为主，但是由于课堂实践限制且在规定时间内要完

成相应的内容，因此互动就变成了表面形式，简单粗暴的问答，或者课堂就没有互动，师生缺乏双向的交互反馈和研讨，师生关系淡漠，课堂的师生互动向教师完成教学任务妥协。

（四）传授知识为主，缺乏情感融入

现今传统高校师生互动仍以传授纯粹的学科知识为主，忽视老师与学生的情感交流和思想沟通，互动内容单一并且理性，缺乏情感融入。上课人来，下课人散，如没有良好的自主学习的引导，学生大量课余时间无所事事，继而只会玩乐，不会学习。

二、新媒体环境下新型教学互动的探索

信息技术改变学习者的认知方式和学习方式，改变师生的教育关系，极大地增加人们学习及重复学习的机会。在传统教学中正确地融入信息技术，通过多渠道的交流路径，构建新型师生互动教学模式，给学生创造美好的学习和发展体验。

（一）师师互动，改变以往的教学模式

利用新媒体的及时性和交互性，用于校际和同校的教师交流学习，可快速共享优秀的教学资源，分享实战经验，有利于改变以往教学模式，构建以学生为中心，先学后教，以学定教的新型教学模式。

1. 预习——先学后教

高校普遍存在课程课时紧的问题，如果学生课前不预习，课堂就成了“满堂灌”。教师应充分利用教育部和各网络教学网站推出的名校名师精品 MOOC、电子书等，根据自身知识优势和教学经验，在网上甄选适合本校学生的精品教学资源，利用网络平台提供给学生自主学习及预习资源。为了使课前预习落实到位，教师辅助学生制定课前自主学习任务单，基于学生对知识的识记和理解，设计的内容既要让学生掌握基础知识，又要充分调动学生的学习积极性，假如教学目标不明确，设置问题难度过高，就不利于学生学习兴趣的培养。

2. 预习反馈——以学定教

预习过程首先让学生自主解决问题，然后形成学习小组协同解决问题，再提出疑问，后留到课堂解决。因此，课前学习任务单应包括如下内容：观看教学视频或教材内容、实现学习目标、理清知识重难点、学生应用的学习方法、学生组织的学习活动、自我测评、学习疑问、课堂交互的期望。教师在相应网站上建课，和学生建立网络课堂，学生预习后完成课前学习任务单，线上提交，教师课前能及时掌握学生的预习情况，定制课堂教学活动。

3. 寓教于乐——互动式教学微视频

通过一些软件或硬件工具教师可以非常快捷地制作互助式教学微视频给学生观看。在设计制作视频的时候根据掌握的知识点插入精心设计的练习题或游戏题，让学生在学习过程中边看边练，比如看完一个知识点，弹出自测题或游戏题，答对后继续学习，否则返回

复习，答对才能继续观看。在教学视频中加入互动元素，使视频更精彩，更有趣味性，使学生的自主学习变得有目的。

4. 不断实践——优化教学方法

“他山之石，可以攻玉”，不断向优秀教师学习，形成适合学生的独特教学方式，用于实践。在实践中不断借助网络平台提供的科学数据检查实施效果，查找原因，总结经验，对原有方法和计划进行修正，优化教学方案。

（二）生生互动，激发学生的学习兴趣

一个班级，学生与学生处于相对平等状态，建立学习小组，学生自主学习，归纳总结，设计练习题，讨论解答，组内相互交流，组间帮助学习、从而形成美好的学习氛围。分组学习有利于培养学生的人际关系，增进学生之间的情感，发展学生个性，增强学生的自信心，敢于质疑同时愿意听取别人的意见，相互尊重。多元化的学习方法和团队协作使解决问题的效率高，理解问题的正确率高。

分组学习特别要防止独树一帜，流于表面形式。分组可以采取多种形式，按照教学活动的不同组织不同的学习小组；按学生的兴趣爱好分组；按同学间的亲密关系分组；小组活动要有活动场所、活动记录、协同解决的问题及收获。

分组学习的目的是激发学生的求知欲，充分展现学生的个性让学生自由发展，有创新能力，学会集众人才能解决问题，让每个学生都能受益。

（三）师生互动，深化学习

新媒体环境下教师要认真了解学生的认知特点和学习特点，构造师生平等、以学生为中心的新型教学模式。师生互动主要在有形的课堂和无形的线上平台进行，学生通过较好的预习后对基本知识有了理解和识记，教师根据学生反馈的信息定制教案。坚持以学生为主体、教师为组织者的教学原则，引领并鼓励学生进行知识探究，让学生与教师共同参加课程的教与学。

1. 课中学习任务单，使学生收放自如

课中的教学目标是探究基础知识的应用和分析。任务单的设计主要内容为：学习目标、项目探究、当堂检测、知识拓展、学后反思。课中学习任务单是有效课堂的保证，避免学生自由发挥时间长从而不能完成教学任务。

2. 学习空间的重构，增强教学的趣味性

有用有趣的课堂是吸引学生积极参与学习的关键。教师努力培养以学生为核心的教学模式，重构学习空间，让学生切实体验到知识的有用和有趣，以此激发他们对知识的深化和拓展。具体做法是将传统教室改造成分组学习讨论型，大班教学改成小班教学，把课堂搬进实训基地结合实景探究知识，在实验室用实验验证知识，自己设计实验拓展知识。

3. 信息化技术让互动更精彩

充分利用现代教育技术手段，例如微助教、雨课堂等教学互动软件把各种有用资源、

信息有机结合起来，生动活泼地表现教学内容，如抢答、选择、讨论、弹幕等，充分调动学生主动参与教学过程的积极性。通过课余时间线上人机交互，实现教师与学生、学生与学生之间的多向互动，比如采用网上讨论、网上评论、网上答疑等形式。

4. 以多样互动，产生合力

让学生进行课堂总结，根据知识的重难点自己设计多样化的作业，合理分工从而调动全体学生参与教学活动，积极投入学习探究中。师生互动增进情感，形成合力，整体增强课堂学习效果。

信息技术与网络技术发展，促进教学转向以学生为主体，将基础知识的学习交给学生，教师负责设计教学并实施，在宝贵的课堂时间内辅导学生完成知识的深化拓展和解决应用中的问题。完成教学过程中的互动要注意以下几个问题：①学习的决定权在学生，教师的主要任务是助学；②教学互动要让每位学生都受益；③教学互动不能流于形式，要有效果。

第二节　新媒体环境下高校媒介素养教育

在新媒体环境下，媒介素养已经成为现代人必须具备的基本素养。本节以分析当前大学生的媒介素养状况为出发点，对高校媒介素养教育的内容和策略进行分析，以为高校教育实践提供有价值的思路。

在新媒体环境下，信息的传播速度得到极大提高，信息传播的范围也大大扩展。文字、图片、视频等各种形式的信息，可以在极短的时间内迅速传播至世界各地。当代大学生是智能手机和电脑等各种现代信息产品的重要使用主体，也是新媒体信息接收和传播的重要人群。思想、观念都不尽成熟的大学生，时刻面临着来自各种渠道，包含各种内容、主题、思想的信息，并且很容易被其中的不良信息所侵染，或者成为虚假、负面信息的传播者。这就要求高校必须重视并有效实施对大学生的媒介素养教育。

一、新媒体环境下大学生媒介素养现状分析

在新媒体环境下，媒介素养包含的内容广泛而复杂，概括来说，主要包括在新媒体环境中，收集、处理、应对、利用信息的能力，以及面对各种信息时，所具有的质疑精神和道德素养。

从整体上来看，新媒体环境下的大学生在媒介素养方面存在一定的不足，具体表现在两个方面：一方面，作为新媒体信息的接收者，大学生由于政治觉悟、思想认识，以及对信息真假、善恶、优劣的辨别能力不足，往往容易被蕴含着错误思想、价值观念的信息所影响，产生错误的思想观念和行为倾向，影响其形成正确的思想和信念；另一方面，作为新媒体信息传播的主体，很多大学生由于法治观念、思想信念、价值观念的不成熟，甚至

存在的错误倾向，而成为虚假、负面信息的制造者和传播者，为营造健康、良好的新媒体环境造成了一定的阻碍。

二、新媒体环境下高校媒介素养教育的内容

在新媒体环境下，高校对大学生媒介素养的教育应该着重于三个方面。首先，在信息知识方面，要通过正确的教育方式，使得大学生在理论上掌握媒介、新媒体的功能和特点，以及新媒体环境下信息传播的内容和特点等基础性知识，使他们认识到，在新媒体环境下信息的丰富性和复杂性。其次，在信息能力方面，要通过多方面、多形式的教育，培养大学生在新媒体环境中收集、处理以及利用信息的能力，使他们学会积极利用各种信息丰富见识、增长能力。最后，在信息道德方面，不仅要培养大学生辨别新媒体环境下各种信息的好坏优劣，避免个人的人身、财产、思想因各种新媒体不良信息受到伤害，还要培养大学生自觉维护新媒体环境，不造谣、不传谣，乃至自觉监督、批判、消除新媒体环境中的负面信息，做自由、健康的新媒体环境的守护者。

另外，对大学生媒介素养的教育，除了注意内容的全面性和层次性，还应该注意遵循一定的原则。例如，教育内容和方式要契合大学生的思想、行为、喜好等方面的特点；同时，要注意与社会现实状况相联系，让大学生切实的了解和掌握现代社会形势下与新媒体相关的知识、特点、情况等内容。又比如，教育过程要体现系统性和专业性。高校要从总体上制定大学生媒介素养教育方案，在实际教育过程中，有效落实方案的每一个步骤和内容。另外，还应该注意大学生媒介素养教育的专业性。重点培养具有丰富、扎实媒介知识和素养的师资力量，或者聘请具有这些能力特点的社会人士，作为大学生的媒介素养教育导师，以保证媒介素养教育的有效开展。

三、新媒体环境下高校媒介素养教育的策略

第一，确定媒介素养教育的重要地位。不可否认，在当前以及可预见的未来，新媒体环境将会向更加多元、先进的方向发展，媒介素养已经成为现代社会人才素养的必要内容之一。与此同时，高校的媒介素养教育也应该顺应社会形势的发展，认识并确定媒介素养教育在整个高校教育体系中的重要地位。只有这样，才能从整体上规划媒介素养教育的具体方案，有效培养大学生的媒介素养。

第二，设立媒介素养教育的系统课程。在新媒体环境下，高校的媒介素养教育并非一朝一夕、一时一刻就能够完成的工作。在不断发展变化的新媒体环境下，高校的媒介素养教育要与其他学科教育，以及思想政治教育一样，建立系统、全面的课程制度和体系，以实现对大学生媒介素养系统、全面和全程性的培养。

第三，丰富媒介素养教育的具体形式。从根本上看，我们所注重培养的学生媒介素养，

是一种面对现代媒介和信息环境正确甄别、应对各种信息的能力，具有极强的实践色彩。因此，与之相对应的教育过程，便不应该是呆板、单调的灌输形式，而应该采取囊括知识教育、活动培养、实践锻炼等多种形式，使大学生不仅掌握基本的媒介知识，更具有相应的实践能力，真正培养其素养。

总之，在新媒体环境下，媒介素养已经成为现代社会人才的必备素养，高校作为社会人才培养的重要主体，应该认识到媒介素养培养的重要性，采取灵活有效的形式，培养大学生的媒介素养。

第三节　新媒体环境下的高校心理健康教育

相对于传统媒体，新媒体在为社会发展带来便捷的同时，也对生理和心理发展不成熟的高校学生产生了极大的影响。因此对于高校心理健康教育来说，新媒体技术既带来了机遇，也带来了不小的挑战。本节通过分析新媒体对高校心理健康教育的积极影响和消极影响，为高校心理健康教育提出建议。

2021 年 8 月 27 日，中国互联网络信息中心（CNNIC）在北京发布第 48 次《中国互联网络发展状况统计报告》(以下简称《报告》)。《报告》指出，截至 2021 年 6 月，我国网民规模为 10.11 亿，互联网普及率达 71.6%。截至 2021 年 6 月，我国手机网民规模达 10.07 亿，较 2020 年 12 月增长 2092 万，网民使用手机上网的比例为 99.6%，与 2020 年 12 月基本持平。近年来，随着互联网的普及和信息技术的快速发展，在数字技术、网络技术和移动通信技术的加持下，形成了诸多新媒体形态，对于在网民中占比较高的高校学生群体的生活方式、学习、心理和行为习惯产生了极大的影响。因此，对于高校心理健康教育来说，新媒体技术既带来了机遇，也形成了挑战。因此，有必要探讨新媒体对高校学生心理健康的影响，以充分发挥新媒体对高校学生的积极作用，使消极作用降到最低。

“新媒体”(New Media) 概念最早是由美国 CBS 技术研究所所长 P. 戈尔德马克（Peter Carl Goldmark）于 1967 年提出的。但是对新媒体的界定，学者们众说纷纭，至今没有定论。清华大学熊澄宇教授认为，新媒体是相对于传统媒体（报刊、广播和电视等）而言的广泛概念，同时是一个不断变化的概念，它是建立在现代通信技术和计算机信息处理技术基础上的媒体形态。新传媒产业联盟秘书王斌认为，新媒体是以数字信息技术为基础、以互动传播为特点，具有创新形态的媒体。中国传媒大学宫承波教授认为，新媒体是一种依托数字技术、互联网络技术以及移动通信技术等新技术向受众提供信息服务的传播媒介。

概括来说，新媒体是以数字技术、计算机技术、网络通信技术、移动技术等为基础，以现代互联网、无线通信网、数字电视网和卫星等为通信手段，通过电脑、数字电视、移动终端等设备，实现与受众（用户）间信息交互和娱乐服务的传播形态。它的主要特点为个性化与社群化、交互性与即时性、新媒体与超文本、海量性与共享性。

一、新媒体对高校学生心理的影响

新媒体作为一种新的信息获取和传递工具，正逐渐改变着高校学生的生活方式和行为习惯，对于正处在心理成长和发展关键期的学生来说，既有积极的影响，也有较大的消极心理冲击。

（一）新媒体对高校学生的积极影响

新媒体有助于快速获取多元信息。新媒体作为具有巨量信息资源、快速传播速度、自由信息获取的全新传播形态，为高校学生提供了更便捷的信息获取渠道。学生可以通过多种方式快速获取需要的信息，其信息量之大、获取速度之快是以往任何信息传播平台都无可比拟的。这有利于高校学生拓宽视野，积极主动地认知和探索世界；同时，也在一定程度上增添了大学生的文化内涵，在客观上推动了大学生对多元文化的思考，从而促进其全面发展。

新媒体有助于表达思想、交流情感。新媒体环境下，独特的网络介质使信息传播者与接受者的关系走向平等。每个人既是信息的接收者，又是信息的制造者，可以自由地发布信息、分享思想、交流情感。新媒体的这种平等性和交互性，使高校学生拥有真正意义上的话语权和表达权，可以自主地选择信息、表达信息、传递信息。借助微信、微博、QQ等丰富的新媒体平台，学生可以表达情感、倾诉内心、交流思想，获得支持和理解、缓解心理压力以及消化不良情绪，使沟通交流不受时间和地域限制，有效扩大社交圈，有助于心理的健康发展。

新媒体有助于自主成长。新媒体相较于传统媒体内容更丰富、表达更自由、管理更开放。高校学生可以在开放的网络空间里自由地进行信息搜索和阅览，自主学习、自主交流，并且针对热点问题表达自己的观点，发表自己的见解，提出自己的诉求，进而提高学生对问题的分析能力和是非判断能力，培养学生独立思考、自我反思的良好习惯，彰显独立人格，增强学生的社会适应能力，对提高综合素质、促进自我成长非常有利。

（二）新媒体对高校学生的消极影响

信息复杂，容易导致认知障碍，造成认知失衡情况出现。高校学生心理和社会认知等方面发展得还不成熟，明辨信息的能力和独立判断能力不足，面对新媒体信息的巨量性和复杂性，无法准确剔除垃圾信息、明辨网络谣言，容易出现盲从情况，甚至成为谣言的制造者和传播者。同时，一些低级趣味、腐朽没落、色情暴力，甚至是落后反动的内容不断涌现，使高校学生在心理感知、心理判断、心理接受、心理认同上产生迷茫，不知所措，或走向迷失，容易导致认知障碍，造成认知失衡。

生活虚拟化，造成与现实隔离，引发心理障碍。新媒体带来的虚拟网络环境，因为其匿名性和自由性，学生可以以隐匿的角色沉浸其中，随意展示理想化的自己，掩饰自己的缺点和不足，自由表达甚至肆意妄为，给他们带来极大的满足感和心理诱惑，他们留恋于此，将主要的人际交往转向虚拟空间，造成与现实隔离。降低了理性思维的能力，也使他们在现实世界中的人际交往能力不断弱化，从而出现孤独、冷漠、自我封闭等异常心理，并导致焦虑、抑郁等心理问题。此外，高频率地使用社交媒介令其对虚拟社交产生强烈的情感联结，并沉溺于虚拟环境中，他们时时刻刻都处在接收信息与发送信息的状态，一旦与他人的网络联系交往中断，焦虑、抑郁、沮丧就会显露出来。

环境的开放性，容易引发成瘾和道德失范。在新媒体世界虚拟自由的环境里，人们受到的监管远没有现实世界严格，参与者可以扮演各种角色，塑造“完美化”的虚拟形象，满足自己的精神需求，忘却自己真实的社会身份和社会责任。沉迷于网络，造成依赖、网络成瘾。此外，由于网络的虚拟性和开放性弱化了传统道德的约束力，加上网络法律和制度不健全，缺乏如传统社会一样有效的道德、法律约束，一些高校学生就可能出现道德失范行为，如网络攻击、侵犯知识产权、网络欺诈、滥用个人信息等。

二、新媒体背景下优化高校心理健康教育的建议

新媒体在给大学生的心理健康带来双重影响的同时，也给大学生的心理健康教育带来了新的机遇和挑战。对于高校心理健康教育工作，应积极采取措施转变心理健康教育观念，优化现有教育模式，提高教师队伍信息化素养，充分发挥新媒体的优势，最大限度地减少新媒体带来的负面影响。

（一）更新教育理念

新媒体时代心理健康教育工作者在开展工作时，要转变教育理念，适应新媒体带来的改变。一是变学校教育为主为家庭、学校、社会“三位一体”。学生心理健康的影响因素涉及方方面面，单靠学校教师的教育远远不够，需要建立学校、家庭和社会共同参与的大学生心理健康教育体系。二是变单独依靠心理教师为各科教师共同参与。心理教师是心理健康教育工作的主要承担者，向学生介绍心理健康知识，介绍自我心理调适的方法。但心理健康教育不应仅仅局限于此，各科教师都应参与其中，除在课堂教学中用心理学知识对大学生的感知能力、注意力和创新能力进行训练外，还可通过案例激励学生积极、上进，保持阳光心态。三是变消极应对为积极发展。心理健康教育应以教育发展型模式为取向，以全体学生为服务对象，以培养学生的积极心理素质和健全人格、激发学生的内在成长潜能为主要任务，而不是仅仅关注问题。四是变外部干预为心理自助。应发挥学生的主动性，使他们在深化自我认知、自我体验和自我控制中促进自身成长。五是变事后补救为事前预防。例如心理健康教育只关注解决问题，将会处于被动地位，新媒体时代应通过信息手段及时掌握学生的心理动态，提前介入预防，避免异常状况出现。

（二）优化校园网络环境，培养学生正确的网络观，养成良好的媒体使用习惯

生活环境对一个人成长和发展的影响是不容忽视的，尤其在信息资源丰富、开放性强

的新媒体时代，新媒体诸多形态所形成的舆论及渗透其中的价值观对大学生的思想观念和心理品质影响甚大。第一，高校在建设校园网络时，做好网络筛查，把好网络环境的最后一道关，营造健康的上网环境。第二，强化大学生网络教育，提高他们对网络信息的甄别和筛选能力，能够正确看待网络事件，不盲从、不轻易相信流言，遵守网络道德，把握自身行为，提高大学生的媒介素养，降低不良网络信息带来的心理冲击。第三，多方位地开展健康有益的校园文化活动，丰富学生的校园文化生活，提高学生的文化修养，增强自我约束、自我管理和自我监督的能力以及行动自觉的能力，引导学生合理规划上网时间。避免沉迷网络，进而充分利用新媒体的信息资源优势，关注与学习生活密切相关的各类资讯，发挥新媒体的积极作用，抑制消极作用，使学生不至于沦为“技术的奴隶”。

（三）提升心理健康教育教师队伍素养

新媒体的快速发展，对心理健康教育工作者也提出了更高的要求，高校应根据新媒体的特点，持续提升心理健康教育队伍的专业素养和信息化素养。首先，要提升高校心理健康教育教师队伍的专业化水平和能力。新媒体环境下的心理健康教育绝不能脱离教师的教育，相反，对教师的专业水平提出了更高的要求。当前一些高校的心理健康教师队伍的专业化、职业化水平不高，大部门高校的专职心理健康教师数量非常有限，既要进行心理咨询，又要承担心理健康教育课。因此，就吸收辅导员、学工部的工作人员，甚至无心理学基础的教师来承担心理健康教育工作，将心理咨询、心理健康教育与学生辅导、德育工作混为一谈，专业化水平不高。其次，提高高校心理健康教育工作者的教育素养。新媒体环境下的心理健康教育者，除了需要具备心理学专业技能和实践经验，还需要具有信息意识和信息能力，熟练掌握网络技术。教育者只有通过亲身接触并运用新媒体，才能感受各种新媒体作为心理空间的基本特征以及其中的心理体验，了解学生内心的真实世界，只有了解新媒体的特征，熟悉网络文化特点，才能熟练地运用各种媒体技术与学生进行沟通、交流，开展心理健康教育。

（四）打造多功能、多渠道的心理健康教育新媒体平台

新媒体的重要特点在于其开放性、便利性、实时性和隐秘性，要充分发挥新媒体的优势，就需要构建集心理教育资源共享、咨询预约以及网络咨询交流、自我心理评估等功能于一体的心理健康教育新媒体平台，如心理健康微信公众号、心理健康网络主页、心理论坛。通过这些平台可以为学生提供包括心理健康基础知识、微课、自我调节方法以及心理健康视听资料；使学生在遇到困惑或心理问题时能及时，寻求支持、及时得到帮助，突破时空限制；使学生在平台上通过分享励志、健康向上的案例、文学作品和自身经历等，实现心理自助和行为的支持，帮助学生从感同身受中获得启发和产生共鸣，进而调动自我改变的积极性和主动性；使学生进行认知、情绪、人际关系等心理测试，了解自己的心理健康状况；还可以使学生及时了解学校有关心理健康的热点新闻和工作动态，并积极参与有关活动。

第四节　新媒体环境下高校课堂教学

“互联网 +”时代，新媒体技术不断发展，高校教学改革势在必行。本节从高校课堂教学出发，解读新媒体背景下的高校教学特点，分析高校教学环境、教学模式以及教学效果中存在的一些问题，探索数字经济时代下高校课堂教学的改革思路，为提高高校教学质量奠定理论基础。

我国的政治、经济、文化、社会等各方面正随着数字经济时代的到来在不知不觉中发生着相应的改变。“新媒体”已然成为新的媒体形式，在工作、学习和生活中广泛传播。新媒体是建立在数字的、计算机的、网络的信息和通信技术的基础之上的各种媒体形式。与传统媒体相比较，新媒体在技术和形式上都发生了很大变化。有些是全新的媒体，比如互联网；有些是新旧结合的媒体形式，比如电子报纸。新媒体在一定程度上促使世界和平，促进民主建设，推动教学改革。

一、新媒体背景下高校教学特点

（一）学生学习自主化

新媒体时代为学生自主学习能力的培养创造了有利条件。在传统教学中，教师发挥主体作用，向学生传播知识与经验，而学生主要以听、记、想来获取知识与间接经验。在课堂上，学生总是被动地接受知识，而并非主动地探索科学。随着新媒体技术的发展，“一言堂”的传统教学已经不再是学生求知的唯一形式，教师不再是高高在上的知识权威载体，新媒体为学生提供了更为广阔的求知平台和学习途径。新媒体技术使学生从枯燥、抽象的文字知识中解脱，以生动的画面、美妙的音效吸引学生的注意力，提高学生乐趣的学习，提高学习效率和自主学习能力。新媒体教学使学生由被动变为主动，真正成为学习的主人。

（二）教师教学丰富化

新媒体时代使教师教学更为生动形象，传道授业解惑是教师的主要职责，教师的认知、言行、阅历、修养等决定着学生学习的深度和广度，而教师采用的教学方式、教学方法、教学手段等决定学生学习效率的高低和教学效果的好坏。高校教师继续以传统教学方法教学，知识传播的时间和空间局限性明显，教学效果往往与教学设计偏离，达不到预期效果。新媒体技术为教学变革带来了契机，同时也为教师带来了新的机遇和挑战。教师学习新技术，借助新媒体辅助教学可以使课堂变得生动起来，调动学生学习的积极性，活跃学生的思维方式，培养学生的创造力。数字经济时代赋予了教师更多的责任，也让教师的教学形式越来越丰富。

（三）教学环境数字化

新媒体技术为课堂教学带来了更为丰富的教学内容和教学形式。传统教学以“讲说式”教学为主，通过教师讲解、演说，使学生能够理解、识记。对于大部分学生来讲，这种方法生硬、枯燥和抽象，学习效果并不显著，人才培养目标很难实现。“一书一本一粉笔”的教学环境已不能适应当前的时代发展，数字化的媒体形态已经慢慢渗透到学生的生活和学习中。众多高校顺应数字化时代的发展，引进新媒体辅助教学工具，加强数字化校园建设，为师生创造适宜的教学环境，实现数字化生活、数字化学习。

二、新媒体背景下高校教学中存在的问题

新媒体为教育传播带来了诸多有利条件，但它也会产生一些副作用。

（一）学生的意识形态受到冲击

学生生活逐渐被数字化，思想亦逐渐被数字化。数字化了的生活更加便捷，但数字化了的习惯和思想却是一种潜伏的危害。教育的目的不只是让学生掌握知识，更重要的是培养学生的自主学习能力、独立解决问题的能力、探索发现和独立创作的能力。然而，新媒体技术的便利已经改变了部分学生的学习习惯。这部分学生更加习惯于通过浅表的、及时的、碎片化的阅读来获取信息，认真、深入、持久的研读和探究却渐行渐远。此外，更多的学生利用强大的搜索引擎帮助自己解答疑问，从而独立思考的空间被挤占。这些习惯一旦养成，学生对新媒体会产生依赖，这对独立思想的形成是一种威胁。

（二）教师队伍参差不齐

新媒体时代对教师的教学行为有了更高的要求。面对新的教学环境，高校教师应与时俱进，积极学习和运用新媒体技术教学。由于各区域条件、背景等有所不同，各地高校教师的技术熟练度和技术覆盖率差异明显。有些年龄大的教师习惯了传统教学模式，不愿意尝试和使用新的教学手段，存在抵触心理，因循守旧，心理上和能力上都没有适应新媒体教学环境，“一言堂”形式的教学占比依然很大，从而导致教学与实践脱节；而一些青年教师过分依赖新媒体技术，使其占主导地位，教学功能弱化，还有一部分教师，积极采用新媒体形式辅助教学，但是新旧媒体结合力度不够有效，导致在教学资源准备、教学环节时间分配以及师生互动等方面发挥不够好。高校教师队伍参差不齐，教学质量有所下降，偏离人才培养的方向。

（三）学校管理模式落后

高等教育的人才培养是理论与实践相结合，学生在掌握理论的基础上，掌握科学技术。新媒体技术在发展，高校应提供相应的教学环境和教学工具。部分高校逐渐实现数字化管理，教室、实验室均配备投影仪等新媒体辅助工具，改善了教学环境，为师生提供了便利。新媒体技术不断变革，例如财务共享、云计算等新技术应运而生，指引着经济向前发展，

同时也推动着高校教育的发展。然而，普通高校的教学环境转变幅度不大，导致教师仍然以局限的教学环境教学，高校教学仍以抽象的理论教学为主，导致学生的思维模式和创造力培养受到约束。

三、新媒体背景下高校教学模式改革思路

技术在变革，教学也需要变革。高校教学应适应新时代的发展，教学模式亟须转变。

（一）加强数字化校园建设和管理

新媒体环境教学在学生能力培养和开发中作用显著，这对高校提出了新的要求，高校应逐渐增加和使用新媒体技术。首先，教室应该增设新媒体教学工具，丰富课堂的教学形式和教学内容；其次，高校应加强数字化校园建设与维护，为教师和学生提供网上办公、学习、交流的平台，增加教师与教师之间、教师与学生之间以及学生与学生之间的互动。此外，高校还可以与电信企业合作，加大学校网络覆盖面积，为学生提供课堂之外的学习环境，实现学生移动学习、时时自主学习。

（二）加强教师培训，提高教师的专业素质

新媒体时代，教师应认真履行终身学习的义务，不断学习深造，加强文化涵养，学习新技术，逐渐增加新媒体的使用频率和覆盖率，提高新媒体技术的熟练程度，改变传统的教学方法。在教学设计中下功夫，以新媒体为媒介，将枯燥的、生硬的文字以更加立体、生动、形象的方式展现出来，针对新媒体技术应用不当的问题，我们则应该通过培训、座谈会等多种手段加以处理，在保证新媒体技术成功提升课堂教学效率的基础上，最大限度地提高其使用水平。教师因材施教，让学生自由与自主学习、共性与个性协同发展。

（三）加强学生的意识形态管理

新媒体时代，高校急需加强学生的意识形态管理。首先，高校应树立学生意识形态管理的意识。数字经济时代要求学校管理和教学都要进行数字化转型，但在转型过程中，新旧融合必须适宜。数字化呈现的内容是虚拟的，代替不了真实的经验和体验，过于依赖新媒体技术学习，则会降低学生的自主学习能力。高校应加强学生在新媒体环境中的意识形态管理，帮助学生向正确的方向发展。其次，教师应充分把握课程特点，建立适宜的教学模式，可采用以学生为教学主体的参与式教学，或者以新媒体环境教学为主的互动式教学、跨文化教学等。

全球正步入数字经济时代，高等教育正面临着数字化转型，无论是学校管理、学科建设，还是课堂教学，都应紧跟时代步伐，不断创新前进。高校应把握住时代的脉搏，积极探索新媒体技术和高校教学工作的结合点，强化新媒体技术的应用，使其成为提升高校教学质量的有效工具。

第五节　新媒体环境下的高校教育工作

随着互联网技术的快速发展，新媒体在给人们的生活带来便利的同时，对人们的生活、观念等也带来了极大的影响。在高校教育中也是一样，新媒体极大地改变了大学生的生活、学习和行为。同时，各色斑驳的新媒体内容也直接影响着他们的思维方式和价值观，学生在接收各种利于自身发展信息资源的同时也受到了诸多负面信息的影响。由此可见，新媒体对于高校教育工作来讲，既有便利也有挑战。在这种情况下如何在享受新媒体带来便利的同时做好学生的思想教育以及行为教育工作是高校教育管理者必须思考的问题，本节将从此处入手，对新媒体环境下的高校教育工作模式进行探讨，以期能找到新的教育办法，打破高校教育管理的瓶颈，更好地提升高校学生教育工作的质量。

当前的社会是互联网社会，随着互联网和智能手机等数字通信工具的广泛应用，移动网络成为我们生活工作中的重要部分，微信、微博、QQ 等各种具有创新形态的新媒体软件成为学生学习、工作、生活必不可少的工具。这些工具在给学生的学习、生活、工作带来便利的同时，也直接影响着学生的政治思想、道德风貌，甚至是学生的价值取向，对教育工作而言是机遇也是挑战，在这种情况下采取与时俱进的教育工作模式尤为重要，木节就此展开探讨。

新媒体与互联网息息相关，但是新媒体已经不再是互联网原本的意义，而是通过一种信息技术手段，在新的技术支撑下出现的一种媒体形态。其利用数字技术和网络技术，通过互联网、宽带局域网、无线通信网、卫星等渠道，以及电脑、手机、数字电视机等终端，向用户提供信息和娱乐服务的传播形态。新媒体自问世以来发展非常迅速，很快便成为当下网络信息传播的主流媒体，微信、QQ 等 App 的出现也大大增加了学生对新媒体的关注和使用，这些 App 个性化强、信息更新及时、工具作用明显，自问世就迅速被人们所接受，在如今的大学生生活中热度极高，很受欢迎。

新媒体在高校学生生活中的应用非常广泛，例如微信、微博类的社交平台、展示平台、即时通信、手机报纸等 App。以微信为例，微信经过几年的发展现已成为全球用户数量最为庞大的 App，它不仅仅是一种新型和典型的网络社交工具，而且还是一种受众极广的信息传播软件，继 QQ 之后对传统的社交软件进行了丰富，对人们的工作和生活都有着极大的影响。统计发现，这些新媒体的主要使用者之一就是大学生，这些大学生的典型特点、素质以及个人修养一直是被社会和国家所重视的，因此新媒体对大学生产生的影响以及在新媒体影响下如何培养爱国、爱家、自强、自立、三观正的大学生一直是我国教育研究者研究的主要问题。

一、新媒体对高校教育工作带来的机遇与挑战

新媒体广泛运用于高校的各项事务中，是当代大学生掌握信息以及与人沟通的重要渠道和载体，对高校学生的教育工作产生极大的影响。

（一）新媒体为高校教育工作带来了新的机遇和便利

新媒体使学生的沟通方式更加丰富，有利于学校快速掌握学生的思想和行为动态，并且各种各样的新媒体能为学生提供平台，帮助他们树立健全的公民意识和良好的自信心。

首先，各种新媒体开拓了广阔的沟通空间，打破了传统人际沟通的时间、地点、频率、方式以及接受态度的限制，为学生提供了更多元的沟通选择，有助于他们随时、随地、随心沟通，更便于学校管理工作的开展。

其次，学校的辅导员、教导员、教师等教育工作者可以及时地通过朋友圈、论坛、校园网等平台了解学生的关注点、行为动态，甚至可以从中了解他们对事物的看法和他们的思想观念。并且，学校能通过新媒体反映了解全社会大学生群体的变化趋势，及时有效地进行借鉴和参考，这样一来，可以有效地提升学校对学生思想和行为的预见性。

再次，教育的目的是塑造自强、自信、有能力、有担当的公民，各种新媒体给了学生展示的空间，让学生能有机会展示自己的不同面。在新媒体平台上，学生能进行更加平等的交流，减少传统交流的心理负担，使各种性格的学生都能有公平的表达机会。同时，新媒体的展示平台也能帮助学生发挥特长，让他们变得更加自强、自信，而且他们会为了使自己得到认可，更好地展示和发挥自己的特长。

（二）新媒体为高校教育工作带来的主要挑战

一方面，新媒体的形式多种多样，而且伴随着数字信息的发展，将来还会有更多的新媒体面世，这就给学校教育工作的管理者带来了新的挑战。然而很多教育工作者由于年龄或者接受能力的原因，无法及时接受最新的媒体软件、有效运用各种网络语言，那么就会导致他们无法全面检测学生在新媒体上的各种动态。这样一来，一则容易出现相较于前者的空白点，二则容易导致学生对学校管理认同度的下降。

另一方面，新媒体有效地促进了社会思潮的多元化发展。新媒体上传播的信息，正面负面的都有，而大学生的判断力、认知力和自制力都在发展中，还未经过长期历练，对于一些信息他们无法正确看待，这就会导致其思想在新媒体的影响下不知不觉地出现重大变化，对学生的思想成长是非常不利的，对于高校教育管理而言也是非常不利的。因此，就对高校教育工作模式提出了新的要求，要求高校的教育工作模式需针对新媒体因势利导，只有这样才能有效地掌握学生的思想和行为。

二、新媒体环境下高校新的教育工作模式

（一）搭建以服务学生为导向的学生工作平台

高校教育管理者都应快速适应这个数字化的社会，迅速做出反应，走在时代的前沿，利用新媒体资源和技术搭建以服务学生为导向的各类网络平台体系，充分发挥网络服务的育人功能。可以从学生就业、心理咨询、学科管理、学习管理、校园日常信息等方面入手，创办各种学校论坛、校园 App、班级微信群等，以此来实现学校的信息化管理。并且，构建各类教育管理平台，使学生与学生之间、教师与学生之间、学校与学生之间的沟通变得越来越便捷和自然。这样不仅能更好地了解学生动态，推动教育管理工作的开展，而且还能有效提高沟通质量，赢得学生的认可和关注。

（二）构建校园文化建设的新媒体工作体系

在新媒体环境下，高校教育管理者也需要适应新媒体，应用新媒体来不断创新学校教育管理工作的方式。对此，学校应充分利用新媒体技术来完善原有的校园网络平台，例如校刊、广播、宣传等，以此来为学校创造一个靠近学生的网络平台，并将校园文化融入其中。此外，可以在给学生提供技术后盾和经济支持的前提下，鼓励他们创建能反映大学生思想文化的平台。同时，为其开辟各种新媒体的互动渠道，把学生作为主角来进行学校宣传和正面意识引领，引导校园文化朝着主流、健康、和谐的方向发展。

（三）搭建学校舆情管理平台

新媒体为我们提供了关注学生、了解学生的平台，因此高校教育工作管理者应及时通过关注微博、网络留言、评论动态等方式了解学生的生活情况，并通过关注这些动态了解学生的思想和心理情况，及时发现问题。在发现问题后，应主动关心并及时进行积极健康的心理疏导，如发现学生出现不自信等负面情绪，则可以通过网络关怀；也可以私下约出来像朋友一样聊天，让他们向积极的方向引导。并且，通过这些平台，参与学生的交流活动，在认可学生的同时也应注意网络不良信息、学生不良言论、网络暴力等，在出现这些情况的时候，应该及时做出反应，在直面问题的同时，做出正确的表率，并且及时引领学生客观地看待问题。高校教育管理者应作为正面的力量去参与营造良好的网络文化，构建和谐的校园文化。

（四）利用新媒体开展好思想政治教育工作

在新媒体环境下，负面作用中最突出的是对学生思想政治的影响。因此，高校教育管理者要转变教育管理的方式方法，需要根据当代大学生的特点，在将新媒体技术运用到学校教育管理工作中的同时，也将其运用到积极、正面、健康的思想引导上，在防范负面意识入侵的同时，运用新媒体做好学生的心理问题疏导，充分运用这一平台，通过有意识的活动和展示向学生灌输积极和正面的思想政治内容。如强化优秀事件的良好影响，号召学

生参与并学习强调不良事件的不良影响，让学生能引以为戒，反省自己。

当今社会是信息化的社会，信息技术在飞速发展，新媒体的影响非常巨大，其在教育领域中也起着越来越重要的作用。因此，高校教育管理者要正确分析、了解新媒体带来的益处和问题，并且针对这些问题进行解决方案的实践。本节从校园建设方面对新媒体环境下高校教育管理者的工作模式进行了探究。除此之外，高校教育管理者还需要提高自身的信息素养，只有这样才能更好地提高高校教育工作的质量，才能更好地做到育人、育德。

第三章　新媒体环境下高校教育教学改革研究

第一节　新媒体与高校课堂讨论式教学

课堂讨论式教学模式在我国高等院校课堂教学中越来越受到欢迎。新媒体技术的出现和快速发展对高校课堂讨论式教学模式产生了重大影响，特别是对高校课堂讨论式教学中教师的角色转换、学生主体地位的塑造以及教学内容的数量、选择、构成和获取方式影响很大。

课堂教学是大学教学的主要组织形式，课堂教学的有效运行离不开教师、学生和教学内容等构成高校课堂教学系统的核心要素之间的有机结合与相互作用。随着新媒体的出现与快速发展，传统的高校讨论式教学模式正面临着严峻挑战。本节将研究新媒体对高校课堂讨论式教学模式核心要素——教师、学生和教学内容的影响，以期对当下我国高校的课堂教学改革提供帮助。

一、新媒体对高校课堂讨论式教学模式中教师的影响

高校课堂讨论式教学模式是以课堂讨论为主体的教学模式，对此怎样组织课堂讨论，怎样保证课堂讨论有效进行是高校课堂讨论式教学模式的中心环节。一般来说，有效的课堂讨论式教学模式的运行可以分为三个主要阶段，即讨论前准备、正式讨论和总结评价。在三个阶段中，教师的作用体现为确定讨论目的、选择讨论题目、制定讨论规则、选择讨论方式；组织、引导、控制讨论过程；及时总结评价讨论结果。显然，在高校课堂讨论式教学模式中，教师的角色已经由传统课堂教学的纯粹知识传授者（兼具管理者与权威者角色），转变为课堂教学的组织者、引导者、启发者、评价者。高校课堂讨论式教学模式改变了传统教学模式中教师和学生的地位，特别强调了学生在学习过程中的主体性作用。该模式要求整个教学过程都要在教师的具体指导下，充分发挥学生的学习能动性，让学生通过自我学习、自我教育以及自我提高来获取知识和强化能力的培养。这种教学模式把学习的主动权交给了学生，而教师的指导则表现为示范性讲授，启发思维，解析疑难等。

新媒体出现以后，新媒体所具有的交互性、即时性、开放性、个性化、分众性、融合性以及信息的海量性、易于传播、检索便捷等特性促进了上述高校教师角色的转化。

首先，新媒体技术的发展把人类带进了所谓的“大数据时代”。在这个时代，互联网储存了海量信息，高校学生借助新媒体技术可以在任何时间和地点轻易获取。这种情况从根本上打破了传统媒体时代教师垄断知识的局面，使教师在课堂上仅仅作为知识传授者的中介角色不得不发生改变。即教师在课堂上需从文化知识的传播者转变为课堂教学的组织者、引导者、启发者、评价者及学习和创新能力的培育者，从而加速了高校课堂教学模式从以教师为中心向以学生为中心的转变，为高校课堂讨论式教学模式成为主流教学模式奠定了技术前提。

其次，在新媒体时代，为了保证课堂讨论的顺利进行，高校教师还应成为学生信息能力的培育者。在当今新媒体技术迅速发展和信息资源激增的环境下，高校学生在准备课堂讨论过程中面临着不同种类的、数量巨大的信息选择。他们虽然可以通过图书馆信息中心和互联网等去获取信息，但是这些信息往往以未经过滤的形式传递给个人，使高校学生对其真实性、合法性和可靠性产生怀疑，信息质量的不确定性和数量的日益膨胀对大学生认识、评价信息提出了新的挑战。如果没有有效获取、甄别和利用信息所必备的能力，高校学生将无法准备课堂讨论材料和参与课堂讨论。因此，高校教师有义务通过调动学生的学习主动性和积极性，提高他们的信息素养和获取信息的能力，以及充分利用信息资源快速高效地解决问题的能力。

最后，高校教师还应该是新媒体技术进入讨论式课堂教学实践的先行者和倡导者。新媒体技术发展使随时上网、即时交流变得轻松便捷，微博、微信等工具自产生以来，在高校学生群体中受到了热烈的欢迎，它们提供了平等、开放的人际交流平台，符合高校学生渴望受到关注、乐于展示自我的个性化需要。此外，随着校园网络的建设与完善，高校学生上网方式趋向多元化，除了电脑外，还可以使用 iPad、手机等多种方式轻松便捷地上网发布信息和接受信息，进行互动交流。这些都将新媒体技术引入高校课堂讨论式教学实践成为可能，这就要求教师不仅要具有良好的专业知识和课堂讲授方法，而且还要能够娴熟地使用各种新媒体技术，包括自行设计结构清晰、内容丰富、趣味性和互动性强的教学课件（网页文件、演示文稿、动画课件等）；利用微博、微信等工具提供的网络空间，发布各种学习资源，除了提供各种参考资料的链接，还可以向学生提供更多的课堂讨论主题的背景资料。借助微博等新媒体平台可以要求学生开展课前预习、开放式讨论、课后巩固、教学反馈等一系列的教学活动。教师还可以利用新媒体技术创设各种教学情境，调动学生的多种感官功能，使学生的学习更加直观、形象等。

二、新媒体对高校课堂讨论式教学模式中学生的影响

高校课堂讨论式教学模式不仅使教师在课堂教学中的角色和地位发生了变化，而且还改变了课堂教学中学生纯粹、被动和机械的知识接受者的地位。在课堂讨论式教学模式下，教师由台前退居幕后，学生在讨论中成为主角。教师的大量工作从课堂的讲授转变成课前

的教学情境设计和讨论的组织与评定，给学生提供了更多选择和参与课堂教学活动的机会，拓宽了学生阅读、独立思考的空间和时间，最大限度启发学生对学术问题和未知世界的自由探索精神，激发了学生自主学习的兴趣和主动学习的热情，培养学生的创新意识、研究能力和合作精神。用一句话来说，高校课堂讨论式教学模式大大增强了学生在课堂教学过程中的主体地位，新媒体的出现则使大学生的这种主体地位得到了加强。

首先，新媒体技术提高了高校学生对课堂讨论式教学的参与性，主要表现为三点。第一，在高校课堂讨论式教学模式下，为了保证课堂讨论的有效进行，学生需要对所要讨论的问题进行充分了解。当教师确定完讨论主题后，学生需围绕讨论主题自主查找、分析资料。新媒体技术所具有的信息海量性、易于传播、检索便捷等特征，为大学生自主查找资料提供了更多可能和多种渠道。课堂讨论式教学活动需要的资料和信息，很大一部分可以通过网络直接获得，大大节省了查找资料的时间，提高了学习效率。第二，提高了高校学生参与课堂讨论的积极性和主动性。高校课堂讨论式教学整个过程以问题的提出与解决为始终，能够诱发学生强烈的求知欲和高涨的学习热情。它符合大学生的心理特征，创造了民主平等的新型师生关系。易于调动学生的学习积极性，改变学生在学习中的被动态度，激发学生的学习兴趣，凸显学生的主体性地位，使学生视学习为乐事，主动学、积极学。新媒体技术由于能提供界面友好、形象直观的交互式学习环境，有利于激发学生的学习兴趣，进行协作学习；学生利用新媒体技术根据自己的兴趣爱好，查阅有关背景文化知识、趣闻逸事，有利于提高学习积极性，更有利于学生适应当今信息化的时代。第三，新媒体技术能够创设教学情境，调动学生的多种感官功能，使学生的学习更加直观、形象，有利于教学的开展。利用新媒体工具，教师可以就教学内容设计出富有趣味性、探索性、适应性和开放性的情境性问题，并且为学生提供适当的指导，通过精心设置，巧妙地布置学习目标任务，让学生产生认知困惑，通过形成认知冲突强化对新知识、新内容的接受度。

其次，新媒体帮助学生快速实现从被动学习向自主学习角色的转变。现代教育理论认为，教师和学生是教育活动中的两个基本要素，学生是受教育者，但并不完全是被动接受教育的，具有主观能动性，一切教育的影响必须通过学生的主动积极性才能达到预期的效果。课堂讨论式教学模式强调以学生为主体、以教师为指导、以学生自主探索为主线、以问题解决为目标，这与自主学习的含义基本上是一致的。自主学习并不等同于独立学习，而是表现为一种自我意识上的主动学习。从学习的角度看，自主学习能对学习的各个方面自觉做出选择和控制。新媒体自由、平等、快捷的传播氛围，引导着大学生分享智慧、探究真理，能够充分地调动学生的主动性和积极性，这也就成为自主学习的理想状态。例如，新媒体环境下，学生自学模式突破了看书或翻阅笔记获取知识的唯一渠道，他们可以根据自己的需要，在合适的时间、合适的地点、合适的条件下，反复利用网络点播、观看多种资源，包括教师的教案、参考资料等丰富的背景资源。同时，可以把有价值的资料下载、复制、加工、打印出来，以便个人保存；也可以自行考试，自己设计，模拟实验，机对机讨论，学生真正成为学习的主人，从而建立一种综合性、创造性、灵活性极强的自主性学习模式。

最后，新媒体技术为大学生的个性化学习提供了条件。个性化学习是以学生为中心的自主性学习。就大学生的个性化学习而言，学习者本身已经具备主体性学习的意识，其学习行为的自主性尤为明显。大学时期是个性化学习策略实施的最佳阶段。大学生的个性化学习行为可以离开教室，离开专任教师的指导，不受时空限制，学习手段和学习过程更加灵活。只要具备学习资源和学习环境，就可以进行自主性的个性化学习。个性化学习注重学生的个性化培养，尊重学生个体，充分发挥学生的兴趣特长，为每个学生量身打造不同的学习计划，充分挖掘学生自身的潜力。因此，个性化学习是高校创新型人才培养的必然选择，与高校课堂讨论式教学模式的目标基本一致。

新媒体环境下，新媒体技术所带来的信息的海量性、易于传播、便于检索等特征使个人可以得到需要的所有信息，个人在任何时间和任何地点学习及个人掌握学习的主动权和控制权成为现实，从而为高校学生的个性化学习创造了条件。在新媒体技术的影响下，海量知识的分享和有效共享成为时代发展的典型特征，知识的获取变得非常便利，个性化的资源服务体系已经基本形成。几乎每所高校都有网络学习资源平台，其中包含文献资料、图书视频、外语学习、专业课程等电子图书馆、电子阅览室等学习资源，凡是学生所需的各种资料，高校几乎都会实现资源共享。新媒体环境下，个性化的学习资源已经创造了“按需选学”的个性化自主学习条件，个性化的学习环境已经具备。同时，新媒体的普及性、灵活性和互动性使线上线下自主学习相互促进、相互渗透，给大学生个性化学习方式提供了多种选择。学生能依据自身需求，与其他人建立起联系，并进行沟通。知识关系网络除了可以建立人际网以外，还可以产生知识语义网络，学生能够根据自己的兴趣、爱好建立一定的学习圈子、兴趣圈子和互助圈子，在这些圈子里可以找到其他的学习者、知识的发布者、媒体的编辑，以及该领域的权威，更重要的是可以和专家交流。同时，圈子内部可以在某个时间内共同确定学习目标、内容和方法，通过圈子内部交流进行评价和反馈，自主控制自己的学习过程。

三、新媒体对高校课堂讨论式教学模式中教学内容的影响

此处的教学内容主要是指高校教师在课堂讨论式教学模式运行过程（讨论前准备、正式讨论、总结评价）中向学生呈现和传递的一切材料和信息。新媒体的出现使传统媒体环境下课堂讨论所涉及的教学内容，无论在数量、选择、构成还是获取方式方面都发生了重大变化。

首先，在教学内容的数量方面，新媒体已将人类带进了所谓的大数据时代，信息具有海量性，和传统媒体中有限的报纸、电视、广播的版面或者时间是不同，数字化网络媒体的容量从理论上来说是无限的。网站的内容通常由普通用户发布，使用户既是网站内容的浏览者也是网站内容的制造者，人人都可以成为信息源。网络媒体又具有超文本和超链接

功能，可以将各种载体上的信息及各种类型的相关信息聚合链接起来，使网络信息的内容在理论上有着无限的扩展性和丰富性。这就注定了其信息空间的无止境，可以满足各方面人士的需求，也为高校教师在课堂讨论式教学中向学生提供更有价值的教学内容和为学生的自主学习提供了更多的选择。

其次，在教学内容的选择和构成方面，在传统媒体下，高校课堂讨论式教学模式中的教学内容主要由教师选择并单向提供给学生，学生只是被动的接受者。教师选择的教学内容主要来自各领域权威者提供知识的图书馆，即使是在互联网 Web1.0 时代，由网络或图书馆提供的教学内容虽然已经数字化，但是并没有改变这些教学内容主要由权威者发布和教师选择的性质。随着互联网的深入发展，网站为用户提供了更多参与的机会。例如，Wiki 就是典型的用户创造内容的网站，而 Tag 技术（用户设置标签）将传统网站中的信息分类工作直接交给用户来完成。在此情形下，如果教师选择的教学内容来源于网络，教学内容就可能是由权威者和包括学生在内的普通网民共同提供，不过普通网民在网络上分享的知识可能仅仅是针对某个非常具体的知识点或者问题。

最后，新媒体为学生获取课堂讨论的教学内容提供了便利。和传统媒体时代学生获取教学内容主要通过课堂形式不同，借助于新媒体技术，学生可以在任何时间、任何地点获取教学内容。例如，在现代网络背景下，学生可以利用即时通信、手机、微博、微信、邮件等随时随地获取教学内容，因此用户很难察觉到通讯对方的终端的变化，这就更有利于师生之间的交流互动。另外，在现代互联网背景下普通学生也有可能和领域专家交流，学生也更容易参加虚拟的讲座或者会议。

第二节　新媒体环境下的高校教学资源变革

新型的移动互联网与各种智能移动产品在生活中正发挥着越来越重要的作用。“新媒体”已成为传媒界最火热的话题，同时也成为最流行的生活方式。目前，无论中小学还是高校，都在结合新媒体环境进行教学活动和人才培养，新媒体已对传统的教学模式产生强烈冲击，高校的教学资源正发生着快速变革。因此，如何利用好新媒体的良好发展趋势进行高校教学和人才培养，是现阶段研究教学改革的重要课题。

一、新媒体环境下的高校教学资源变革

（一）新媒体的发展背景

新媒体是随着教育数字化、教育信息化的发展，运用各种各样的媒体技术手段，通过各级各类教育资源的相继融合，快速生长的新型媒介形式。对于新媒体的定义，国内外专家的观点大相径庭。联合国教科文组织曾经对新媒体下过一个定义：新媒体即网络媒体。

同时，国内外学者将其定义为“以数字技术为基础，以网络为载体进行信息传播的媒介”。

与传统媒体相比，新媒体有许多特别之处。首先，新媒体利用图片、声音、视频等手段，全方位地为接收者提供信息原貌，还原真实清晰的信息。其次，新媒体的传播形式不受时间、地点限制，接收者可通过手机、网络随时随地进行信息接收，及时有效地传播信息。最后，新媒体具有较高的交互性和个性化，人们可以根据自身要求对信息进行筛选，通过个人需求制定传播模式并及时反馈，把不同人的不同想法进行汇总，进行思想碰撞，进而产生新的观点和想法。

新媒体的发展推动了终身教育思想，对高校教育、成人教育、社会教育产生了一定影响，尤其凭借其表现性、交互性和智能性丰富了课堂教学，为高校教育发展带来了巨大改变。

（二）新媒体环境下新技术与高校教学的整合

在传统的高校教育中，教师灌输给学生知识，学生安静地听课，知识仅仅是单向的传递过程。在高校教学中引入新媒体技术，不仅改变了传统的教学方式，而且同时也为教学资源的建设提供了更广阔的发展前景。

在高校教学研究中，将新媒体技术作为研究的主要对象，对新媒体的分析更加透彻，在看待新媒体技术的问题上也更加全面，使高校教学与新媒体的整合有着更清晰的脉络，高校教学更具多元化。

二、新媒体环境下高校教学资源建设的发展

（一）高校教学资源的表现形式

数字化、信息化形式是新媒体环境下信息资源的主要表现形式。高校的硬件设备齐全、资源多样，如网络教室、语言实验室、微格教学系统、虚拟现实教室等。大学生主动在互联网上进行线上学习，随堂听课、及时反馈，基于机器进行自动评分和定期开课，利用互联网和 FTP 服务器及 FTP 客户端上交作业，这些都为大学生的学习提供了便利。数字媒体是高校教学资源形态结构的一种类型，新媒体传播技术的发展使信息化教学模式变得触手可及，把知识传授的过程放在教室外，使学生在课下能够接受新知识；把知识的内化过程留在教室中，以便上课时能有更多时间进行沟通和交流。教师的责任是解决学生遗留的问题并引导学生运用知识，高校的教学活动存在于一定的时空中，在时间上表现为教学活动的安排方式，空间上表现为教学理论、教学目标、教学活动中的师生地位及其关系。

（二）高校教学资源的交互平台

在网络化的信息交流平台中，信息平台具有融合化、移动化及宽带化等特点。线上平台建设也很重要，为教学资源共享提供可能的条件，是高校教学资源的基本属性，对于分布不合理的、建设重复的高校资源都能够有效解决，使高校资源配置更加合理，结构资源

更加优化，高校教学资源得到充分利用，资源价值得到充分提升。网络的发展及科技的进步也促进了资源的发展，将新媒体教学融入各个领域，借助信息技术有效传播信息内容。网络平台是交流平台的主体，它决定了信息交流的多维度和自由性，并充分保证了资源共享及教学实践应用。

随着 MOOC 和微课的发展，有效发挥交互平台在教学资源建设中的作用十分重要。通过线上教学和远程教学，学生可以随时随地进行学习、访问，在线把疑难点反馈给教师。这种媒体教学模式是网络教学的一种重要形式，学习者可通过网络随时学习课程，对于不懂的知识，可进行暂停、后退、前进等控制。目前，高校热门课程师资紧缺，基于新媒体技术的实时网络同步授课，可使不同高校之间实现资源共享，获得较好的教学效果。大学生在线学习平台为学生提供了便利，"数字学校"方便了学生查找自己的成绩和复习资料，同学之间也可以相互交流新知识，真正做到了资源共享。

（三）新媒体教学资源对大学生学习方式的变革

移动式学习：在 Wi-Fi 及 4G 上网越来越普遍的新媒体传播时代，新媒体使大学生摆脱了时空限制，在课堂以外，随时随地都可利用新媒体工具查阅学习信息，进行资源共享，更好地进行并完成自主学习。

跨国交流：高等教育国际化的趋势不断增强，越来越多的海外学生到中国求学，同时，越来越多的中国学生选择出国留学。在这样的大趋势背景下，大学生应积极增强跨国交流意识，学习跨国交流技巧，最重要的是了解新媒体的特点及信息传播方式，借助新媒体进行跨国信息传播。

微学习：由于新媒体技术的发展，微视频、微课程等微学习方式也如雨后春笋般发展起来，为此，国外许多名校都设立了"微学位"。微学习是一种可利用移动通信设备实现双向交流的学习方式，可实现任何时间、任何地点的学习。微学习提高了学习的时效性，从传统的线性学习方式中跳出，实现了跳跃、无序的学习方式。

三、新媒体下高校教育资源的利弊

（一）新媒体下高校教育资源的优点

高校应培养具有技术、知识和创新三方面素养的应用型人才。在新媒体环境下培养应用型人才时，应以技术和知识为主要基础，注重培养创新精神。因此，培养应用型人才必须加强高校教学管理，提高高校课堂的教学质量。运用新媒体环境来帮助教师更好地完成教学工作，使学生能够更好地自主学习。新媒体的出现，使高校教学资源更具多元化，更利于培养复合型人才。如何将网络正确地引入课堂，不仅是技术问题，而且还需要考虑如何使教师和学生运用现代新媒体技术更方便快捷地进行学习。这种全新的理念也作用于传统学习方式与媒体手段，使传统的"学媒之争"转变为"学媒共存"，在新媒体数字化时代，大学生学习依托的多种媒体技术促进了学习模式的变革，他们更多是通过非正式的学习方式获取知识，这也充分发挥了新媒体在教育中的作用。

（二）新媒体下高校教育资源的不足

新媒体环境是一把“双刃剑”，人们在享受新的科学技术为生活提供便利的同时，也要关注它对大学生产生的危害，大学生是受新媒体环境影响最为严重的群体，这与中国的教育制度有着密切关系。我国学生普遍存在学习压力较大的问题，来自高考的压力使家长尽量禁止学生使用互联网和移动终端设备，使新媒体环境对学生的影响大大削弱。

在信息时效性极强的今天，我们接收的信息中，80% 以上是通过新媒体进行传递。新媒体的出现，使大学生从主体逐步转为个体，越来越多“宅男”、“宅女”的出现使大学生的核心价值观受到冲击。教师上课期间，学生会被手机等通信设备吸引，频繁用刷微博、刷新闻、聊微信等方式消磨时间。当然，任何事物都有两面性，因此，培养高校大学生对新媒体的正确认识十分重要。

新媒体的普及与应用直接改变了大学生，并且进一步改变了高校教师及其教学资源，以及教学理论和应用。新媒体环境下高校教学研究要提倡师生平等、开放互动式的教学资源创新，培养复合型、全能型人才。此外，在新媒体环境下，要求高校教师在扩大视野的同时积累和总结教学经验，除了具备开发教学资源的能力，还要适应从“主导人”到“引导人”的转变，并在今后的教学实践中探索有效的教学方法。

第三节　新媒体时代高校校园媒体融合工作

对新媒体条件下高校宣传工作进行多方面研究，进一步把握新媒体时代高校宣传工作的新规律，是高校宣传工作者面临的紧迫而严峻的课题。面对新形势和新要求，高校网宣工作要推动校园媒体发展与育人工作的高度融合，在高校思想政治工作和“大思政”工作格局中发挥主力军的作用，不断巩固和增强育人的协同性、时效性、引导力。本研究立足新媒体发展的大背景，着眼于当下高校校园媒体发展及其趋势。理清高校校媒工作的内在机制，探索高校宣传工作的新观点、新思路、新方法，提出高校网宣工作模式与工作方案，构建多元化、分层级的矩阵式校媒融合管理工作模式机制，为创新高校宣传工作提供新的思路，为思政与品牌建设工作提供新的路径。通过高校校园媒体融合发展的管理模式及其运行实施，在高校宣传工作中起到良好的效果，为高校校媒融合发展提供新的思路。

一、新媒体时代高校校园媒体融合工作现状

（一）研究背景

移动互联网技术的快速扩张，彻底改变了受众接收信息的习惯，言论发表也更加自由，使网络新媒体在高校学生中普遍应用，呈现出“无人不网”、“无处不网”、“无时不网”的

生活状态，既为传播主流思想舆论提供了形式多样的载体和平台，也使互联网成为思想舆论斗争的主阵地。而互联网的发展推动整个社会的变革，深刻影响了高校大学生。大学生思想开放，容易接受新鲜事物。如今，网络媒体对青年思想观念、生活方式、表达方式等带来深刻改观，高校学生成为网络思想舆论争夺的重要群体。新型媒体技术的研究与开发层出不穷，进一步提升了信息时效性及多样性，产生具有功能多样、发布信息容量大、速度快、传播面广等特征的网络新媒体及具有自主应用与开发功能的微平台。习近平总书记强调："要大力推进传统媒体和新兴媒体融合发展，尽快从相'加'阶段迈向相'融'阶段，着力打造一批新型主流媒体和传播载体，以内容优势赢得发展优势，不断增强传播力、引导力、影响力、公信力。"互联网技术的发展推动人类社会进入以信息化为特征的新媒体时代，新的时代背景引领了新的思潮，以传统宣传模式为基础的宣传工作思路与方法面临着无法适应新时代特征的风险。高校校园媒体是大学生获取信息的重要渠道，是高校立德树人的重要载体，是高校全面落实"三全育人"工作的重要内容。构建新媒体时代高校校园媒体融合工作模式，不仅丰富了高校校媒工作的理论积累，而且也为高校宣传开辟网络思想引领阵地提供了有效参考。创新高校校园媒体融合工作模式，可以有效助推互联网思维与高校思想政治教育的有机结合，加快实现融媒体时代高校网宣工作育人功能的时代转型。

（二）研究现状

针对新媒体时代高校校园媒体的研究工作已经展开，但相比其他课题，此类研究的研究成果并不多。从目前情况看，现有研究主要体现出以下几个特征：一是对高校传媒工作进行就事论事的简单论述，缺乏对整体工作思路与方法的构建；二是以实务性研究为主，缺乏对高校传媒工作的理论研究；三是大多数的研究受制于管理模式的束缚，导致媒体融合的形式大于内容。诸多网络领域与其他工作相结合的模式已经形成了完备的理论框架与完整的实施方案，这是目前高校校园媒体融合发展模式领域所缺少的，也是高校媒体融合领域在未来的研究方向与发展趋势。因此，在未来针对高校校园媒体融合的研究趋势有以下两个方面：一是强化理论分析，构建理论框架，解释互联网与高校媒体之间相互作用的内在机制以及高校媒体融合模式的基本规律；二是全面构建以高校宣传工作协同模式管理体系，以整体实施模式为方法论，以及子功能的实施模式。

二、构建新媒体时代高校校园媒体融合工作模式

新媒体时代高校校园媒体融合工作模式的构建，需重点解决以下问题：一是新媒体在思政领域应用实践的前提下，如何将教育经验以及思想教育理论进行对接，抽象出具有方法论意义的新媒体平台工作模式研究理论；二是在新媒体平台的功能多样化与大学生思想差异化下，如何梳理功能与对象匹配的多点对应关系，使新媒体时代高校校园媒体融合能够在针对不同群体与教育任务中充分发挥引导作用；三是在新媒体平台功能与教育对象需

求对应关系明确的基础上，如何以新媒体平台为载体进行多维度的教育活动设计，实现线上教育功能与线下教育活动的衔接；四是在线上线下联动的思想教育的开展中，如何构建多层次的教育管理体系与监控机制，落实思想教育成效的同步追踪与同步纠偏。

（一）高校校园媒体融合发展模式的理论研究思路

随着改革开放进程的不断深化，意识形态领域的斗争更加激烈与错综复杂。高校校园媒体是开展大学生思想引领工作的主阵地。当代大学生是伴随互联网发展成长起来的一代，独立、进取、个性是普遍特征，表现出成长需求的多样性，较强的功利主义色彩，压力增大，安全感较低，易受社会现象影响，对各种社会问题持有自己的见解与看法。互联网对大学生学习、生活、工作、娱乐的影响和渗透日益显现。本研究结合“微信”、“微博”，通过对有关数据的处理分析和调研情况的汇总，研究构建“微视点＋微讲堂＋微论坛＋微公益”的宣传教育平台，将各项工作纳入高校校园媒体工作整体框架，搭建大学生便于参与、乐于交流的渠道，使其成为高校教育、引领、服务的重要平台。通过“线上有监管、线下有活动”的方式积极设计“寓乐于教”的网络工作方案及工作项目，形成高校校园媒体融合发展模式的总体工作思路，为新媒体背景下高校校园媒体模式的实现提供保障与指引，形成理论框架，为完善实现体系与管理方式提供理论依据。在理论思想的基础上提出包含工作原则、工作理念等方法论层面的高校校园媒体融合发展模式的总体实施思路。

（二）高校校园媒体融合发展模式的管理体系

高校校园媒体融合发展模式的实施需要管理体系的保障与支撑，通过设计由管理组织体系、管理制度体系、互联宣传平台体系三个相互支撑、相互嵌入的要素，构成高校校园媒体融合发展模式的“三位一体”的管理体系。在组织层级方面，在学校、学院领导下，整合高校宣传工作的系统合力，做到分层负责、分类指导。针对学校宣传工作顶层管理部门、学校宣传工作职能部门、学院及其他职能部门的宣传工作岗位，分层进行层级职能设计。在工作内容方面，以更加灵活高效的方式开展丰富多彩的活动，主动占领新媒体阵地，利用高校校园媒体组建网络舆情队伍，进行网络宣传，实施“网格化管理，组团式服务”，通过大数据分析高校大学生的上网特点，不断加强与大学生的交流、互动和引导。在工作途径方面，充分利用网络信息传播扁平化、交互式、不受空间限制的特点，通过微博、微信、QQ 群等发布充满正确政治观念和主流意识形态的信息，以此来强化特定学生群体的政治引导和思想教育，由面至点，给学生营造正确的价值观念，让大学生的日常生活中充满正能量。重点设计管理体系三要素内部的层次与维度及其运作方式。

（三）高校校园媒体融合的工作模式与方案

网络具有多元化的特点，开放的网络信息浩如烟海，良莠不齐，虽然正处于信息饥渴期、辨别能力较差的青年学生可自主选择，但是由于缺乏有效的引导和信息筛选，青年学生选择网络信息往往容易出现偏差。为减少此种情况，要充分发挥大学生党员、学生骨干的模范带头作用，选拔思想政治立场坚定、品学兼优、在学生中有影响力和号召力的青年领袖，共同维护好校园网络的舆情信息安全稳定，构建分层管控与师生联动、部门协同与优化配置、保证时效与提升质量、拓展源头与主动推广的校媒融合发展的实施模式，依据实施模式制订总体实施方案，形成整合总体实施方案的要素。

三、课题研究的实施结果分析

（一）高校网宣工作协同模式增强了宣传工作的协同度

通过高校网宣工作协同模式的应用，改变了高校原有各媒体平台各自为战、缺乏统一管理和有效链接的状况，将校报、广播台、新闻网、宣传栏等传统校园媒体与微博、微信公众号、易班等新媒体平台的资源和力量进行整合，将校级媒体、各部门和二级学院媒体以及学生社团媒体等协同联动，大大提高了高校宣传工作的统一性和协同度。通过对信息搜集、编辑发行、信息发布、技术保障等多个环节明确责任又相互配合、互为一体，形成信息的“一次采集、多种生成、多元传播”的高效模式，实现了宣传资源的集约型高效整合。在信息发布方面，不同校园媒体有分工合作、有集体发声、有互动“帮推”，在统筹规划下，可以实现多点发声、多端接力、梯次发布、网状传播，形成信息发布矩阵，营造信息传播声势。在整合现有宣传队伍的同时，充分发挥高校综合人才储备的优势，形成宣传工作的专业智库支持。在综合类院校，计算机类、艺术设计类、文学类、传播类等师生资源为高校宣传工作提供了强大的智力支持。

（二）高校网宣工作协同模式提高了宣传工作的时效性

高校网宣工作协同模式的应用，使高校宣传工作信息的来源更加广泛，传播渠道更加通畅，裂变式的网状传播方式大大加快了信息传播速度，使信息能够在高校师生之间更快扩散。而高校网宣工作协同模式的管理体系能够让高校媒体紧跟社会关注的时事热点以及学生关注的焦点，对获取的信息第一时间做出反应，使校园媒体能够在第一时间引导校园舆论，掌握主导权，从而使高校宣传工作时效性更强。同时，高校网宣工作协同模式的全员参与性，让更多的师生加入舆情工作队伍，使舆情反馈渠道更加通畅，做到第一时间知晓、第一时间反馈，通过新媒体的互动交流功能，让正能量迅速掌握话语权，把负面舆情消灭在苗头期。

（三）高校网宣工作协同模式提高了宣传工作引导力

通过高校校园媒体融合发展实施模式的实践运行，为高校宣传工作提供科学指导，提高了高校宣传工作的效率，优化了资源的合理配置，提升了素材的质量与丰富性，充分体现了高校校媒“以人为本”的工作理念，从而构成强渗透、全方位、多层级、互动性、广覆盖的高校校园宣传工作与舆论引导的矩阵网络格局。工作机制的分层级管理体系形成了合力发挥宣传的作用，各部门发挥协同作用加强了高校舆论宣传力度，丰富了宣传素材的热度和深度，提高了宣传工作的影响力，进一步强化高校大学生意识形态建设，不断增强高校思想政治工作教育的力度，形成良好的校园舆论氛围。

第四节　翻转课堂与高校教育教学改革

“翻转课堂”是一种网络新兴互动式教学模式已经开始运用到国内外教学当中。高校教师应借助国内外一流的教学资源，借用新媒体协助设计高校课堂教学的新模式，实现高校课程教学模式改革。本节介绍了翻转课堂的发展，以及翻转课堂在目前高校教学中的应用情况，对翻转课堂在高校教学中的教学模式提出了一些现有设计和思考。

一、翻转课堂在高校教学模式中应用的必要性

（一）教育信息化大背景

教育信息化是国内各所高校教学改革的重要方向，教育信息化的改革高歌唱响了全国各所高校。改革要求高校教育与现代信息技术的密切结合，深化高校教学模式改革。现代信息技术的发展为“微课”、“慕课”等翻转课堂新模式的推行提供了有力的技术保障。信息技术的飞速发展也使学生不仅仅满足于用传统的施教方式“啃书本”、“填鸭式”灌输知识，应付式对待考试等，高校教学模式改革呼之欲出，教育现代化为翻转课堂的推行提供了信息技术保障。

（二）“以学生为中心”的教学理念的推广

传统的教学模式多是“以教师为中心”，但是随着教学改革的步步深入，随着以信息化技术为代表的现代科学技术日新月异地发展，教育界的声音普遍转向了“学生才是课堂的主体和中心”，教师仅仅是整个教学过程中的指导者、引路人、评价者，学生才是知识的探索者、主动参与者。但在学生探索知识的过程中，需要教师的指引、带领，这样才能更好地少走弯路，顺利完成学习任务和目标。因此，教师如何将“以学生为中心”的教学理念在课堂教学中很好地加以运用成了每位教师都应该认真思考的问题。翻转课堂为实现“以学生为中心”提供了很好的教学模式。

（三）学生的学习习惯和学习要求的改变

随着互联网技术的发展，计算机、平板电脑、智能手机等新科技产品的普及，学生的学习方式、学习习惯和学习要求都发生了很大的改变。学生的学习不再仅仅依靠书本，而是运用互联网和手提电脑、智能手机、学习软件、社交软件等方式来辅助学习，达到更好的学习效果。单一的书本知识很难吸引经常在网络上接受立体化信息的当代学生，而翻转课堂可以激发学生的学习潜能和积极性，顺应学生运用互联网和现代信息技术设备学习的潮流，达到更好的学习效果。知识的输入，特别是重点难点的输入可以让学生自学完成；

知识的输出，可以在课堂上完成，教师在课堂内外给予指导和及时评价，与学生的学习兴趣和学习方式的转变一拍即合。

二、翻转课堂在目前高校教学中的应用

现阶段，高校教学翻转课堂大致可分为两个阶段——课前与课中，笔者认为在大学教学过程中可运用翻转课堂，将其更具体地分为以下三个阶段：上课前、上课中和上课后。

（一）上课前

第一，向学生公布课程学习任务书，使学生明确了解所学课程的教学目标和学习目标。第二，考虑到学生为不同学习基础的教学对象，可以初步尝试分层教学，课程教师通过网络收集好课程相关学习资料后，还要根据学习资料的难易程度将教学视频进行难易程度的分类。在要求学生观看学习视频的同时，教师要根据教学目标给学生布置相关学习任务，并要求学生自我检查学习任务完成情况。第三，教师要求学生在观看视频学习的过程中做相关笔记，总结知识点和记录学习疑问以供课堂讨论，发现学习中的重难点。学习视频的收集可以通过各系及教研组集体备课时，由备课组组长进行分工，教师利用课余时间收集完成，再开会进行讨论、分类，最后确定每门课程的视频学习资料。

（二）上课中

上课前，教师已经将包括教学重要内容的学习视频通过网络传递给了学生，在课堂上需要对学生课前自学视频的学习效果进行测评。对测评结果进行评价、分析、总结，组织学生对课前视频学习没弄懂的地方提问，在课堂上完成相关课程的教学目标、教学任务。课堂上，教师还可以提供一些跟学习内容重难点相关的问题、学生容易混淆的问题、考试常考的问题，作为课堂教学内容的补充，鼓励学生思考问题，并引导学生自己找到答案，这样课堂难点重点知识点就更容易被学生掌握消化。

（三）上课后

每次上课后，教师可借助信息化网络手段，如短信、QQ、邮件、微信等手段与学生联系，获得学生的反馈，教师可以得知学生对哪些知识还存在疑问，同时反思自己的课程安排和设计，不断完善授课教学视频的选择及教学方式和手段，使翻转课堂的效果越来越好。学院可以要求各系各课程教师建立 QQ 或者微信群，更方便师生课内外各种形式的交流沟通和学习。在互联网平台上，各任课教师上传各种音频、视频资料，包括 PPT 和 Word 文档讲解具体的知识难点和重点。教师多和学生通过互联网平台交流沟通，更容易让学生对教师产生信任，激发学生的学习兴趣，培养师生感情，形成更好的师生关系，从而达到更好的教学效果。

三、翻转课堂在高校教学中教学模式的设计

（一）翻转课堂体现新的教学结构和教学理念

翻转课堂更注重学习过程，由“先教后学”转为“先学后教”，对学习结果的测评采取了结合网络手段等更为灵活的方式进行。课前，教师收集课堂教学相关视频，并对视频进行分类，根据视频的难易程度，在教学中实现分层教学，并在课堂教学中对所有学生进行统一指导。知识点的传授是学生在课前自己完成的，在课前教师不仅需要提供各类视频资料给学生课前自学，还要对学生的学习情况通过微信、QQ、短消息等方式进行在线指导。知识点的吸收消化、疑难解答是在课堂上通过师生互动完成的。翻转课堂新的教学结构包括教师与学生的沟通、学生之间的沟通，这一方式提高了学习效率。

（二）微视频

微视频的录制需要考虑教学目标、教学设计、教学重点难点、学生的分层情况、练习作业、考试方式等，因此，个别体现教学特色的视频可以由教师个人来设计完成，但是通常情况下，整门课程的微视频系列则可以通过学院集体购买或者分工完成的方式。翻转课堂不能仅仅理解为“课前观看微视频 + 课中讨论”。

（三）高校课程翻转课堂的整体设计

学院想要通过翻转课堂提高教学质量，需要对学院所开设的所有课程组织进行统一设计，而不是任由各个课程单独自行组织。教学设计上，上课前，学生先要观看教学视频，然后要进行有导向性的练习；上课中，学生先要快速完成少量的测验，接下来通过解决问题来完成知识的内化；上课后，要进行总结和反馈。

（四）教学策略设计

准时评价策略。教师对翻转课堂课程的评价可以通过网络形式完成，也可以通过其他方式完成，比如课堂提问、每周或每月小测验、课后练习、听写等。准时评价策略能使教师非常及时地了解学生掌握知识的程度，并及时调整教学设计和教学进度，以达到更好的教学效果。教师可以将整个翻转课堂全部在课堂上完成，尽量不占用或者少占用学生课外时间，课堂上就给出时间让学生自学教学内容（自学方法如下：手机网络查询、教师播放教学视频、小组分工合作查阅参考资料等），自学时间结束后，教师再对知识重难点进行讲解、总结，并对学生的表现进行及时的教学评价，这种新型的课堂教学模式就是课内翻转。这种课内翻转模式和平常理解的翻转课堂模式的区别在于翻转所需的时间更集中和有限，不需要利用课外时间进行学习，占用学生的课外时间较少。

四、对在高校教学中实施翻转课堂的一些思考

对所有课程进行统一设计，而不是某节课某位教师的单独设计。整门课程的整体统筹

规划很重要，因为学生每天高效学习，集中精力学习的时间是非常有限的，假设学生一天所学的每门课程都有翻转课堂的课外学习任务，就会明显感觉学习负担很重，最终可能会严重影响学生的学习效果。因此，教师布置的视频文件所需要的时间总量要进行科学的控制。课前观看视频，是为了课堂效果更好、课堂效率更高。因此，课前视频的选择一定要谨慎，内容恰当，数量合适，这样才能更好地为课堂教学质量铺路。

可以发挥整个高校优秀专业的优势，借助专业的教学设计团队来设计优质教学资源，通过共享优质教学资源使更多优质教学资源进入实施翻转课堂的学校和专业。这种共享合作的模式既可以保证微课程的质量，又可以保证教师将更多的精力投入到翻转课堂的其他教学设计过程（课堂组织、课堂交流、课堂评价等）中。只有翻转课堂的教学质量得到保证，才能促进翻转课堂的发展。

第五节　新媒体环境下高校思想文化建设

思想文化对于高校的长远发展及日常教学等均具有重要意义。一所高校只有具备良好的文化氛围、正确的思想导向才能培养出一批又一批的优秀人才。随着近年来新媒体技术不断发展，高校的教学模式也因此发生了巨大的改变。在本节中，笔者将从新媒体视角出发，简要研究高校思想文化建设，力求为各高校思想文化的建设提供有效的理论依据。

一、高校思想文化建设的意义

高校思想文化是校内的广大教职工及学生在长期的生活与学习过程中所积累下来的。浓厚的文化氛围与正确的思想导向对于高校学生的人格塑造、人际交往培养以及校内的学风建设等方面均具有重要意义。文化对于每一个人而言均具有潜移默化的重要影响，健康、积极的校园文化对于学生爱国情怀及社会责任感的培养具有重要的推动作用。从学校层面来说，重视高校思想文化建设，对于教学效率、办学质量的提升具有重要的促进作用。因此，各高校应以优秀文化为主导，加强思想文化建设，引领正确风向。

二、新媒体给高校思想文化建设带来的机遇

（一）新媒体为高校思想文化建设提供载体

新媒体相较于传统的传播媒介而言具有多项特点，即信息量大、互动性强、传播速度快等。各高校在进行思想文化建设时，可借助新媒体技术对文字、视频、图片及音频进行整合，以便于文化的传播。以新媒体为载体进行文化传播，不仅能提高传播效率，还能增加文化传播的多元化和感染力，进而促进教育与文化相融合。例如，在新媒体背景下，各高校可以充分利用新媒体技术，对现有文化进行整合，借助电子信息形式将其传送至教育

平台，学生可在教育平台上观看这些内容并将其分享给自己的好友。如此一来，不仅能够增强文化的魅力，为学生树立正确的思想导向，文化在传播的过程中也能充分展现其自身价值。

（二）新媒体促进高校文化建设对外开放

在新媒体技术并不发达的时代，社会各界对于高校生活的关注度并不高。学生生活、教师教学也处于一种相对闭塞的状态，双方的观念无法及时更新，导致高校文化建设效率不高。新媒体的广泛使用从一定意义上来说，可以被认为是对高校教育管理模式的一种创新在新媒体背景下，外界信息与高校文化之间实现了无缝连接，二者之间可以相互交流、相互借鉴，高校思想文化建设也逐步呈现出社会化的发展趋势。在实际教学过程当中，教师在教授书本知识时可充分结合时事热点、时政新闻等，用现实生活当中发生的案例来进行教学，不仅能够提高学生将所学知识应用于实际的能力，还能让学生与社会接轨、适应现有的社会环境。

三、新媒体背景下高校思想文化建设的策略

（一）促进传统媒体与新媒体融合

新媒体与传统媒体各有利弊，在工作过程当中我们不能以偏概全，而是要促进二者融合并取长补短，为高校思想文化建设奠定良好的基础。所以在实际教学过程中，不可因为新媒体的出现便摒弃传统媒体。传统媒体发展至今已有多年历史，它的存在必定有其道理，所以我们应该借助新媒体技术去弥补传统媒体传播的不足之处，推动思想文化建设发展，而非一味否定。在过去，各高校在传播文化时都是以传统文化为基础，在新媒体时代也需重视传统媒体，推动传统文化与现代文化有效融合，增强中华文化的独特魅力，从文化层面上为学生树立正确的人生导向。此外，新媒体具有较为广阔的发展前景与发展空间，而且具备自由性、互动性等多种特点，在利用新媒体进行文化传播的过程中难以监管，极易出现一些不健康的负面信息，而这些负面信息会直接影响学生的人生观、价值观，不利于高校的思想文化建设。所以，在新媒体背景下，各高校应对新媒体有详尽的了解，充分分析其优势与弊端，借助新媒体技术为学生树立正确的榜样。不仅要优化新媒体背景下信息传播的环境，更要帮助学生树立正确的是非观，对其上网行为进行规范。也就是说，高校在进行思想文化建设的过程中，应充分认清传统媒体与新媒体二者的特性，并对其进行有效利用。

（二）把握新媒体思想文化建设的主导权

当今时代，信息技术的发展已逐步完善，在高校的思想文化建设中，新媒体也早已成为不可或缺的重要组成部分。若是能够有效利用新媒体平台，对于高校文化传播以及正确思想导向的建立均具有重要意义。若是未能正确利用新媒体平台，则会对在校学生造成一

些负面影响。所以，各高校应该把握新媒体思想文化建设的主导权，借助新媒体平台开展文化活动、专题讲座、志愿服务活动，并将社会主义核心价值观及党的意志贯穿其中，给予学生正确的引导。此外，高校在开展思想文化建设时，还应注重人才培养，向学生传递终身教育理念及素质教育理念。应注意的是，重视人才培养不仅仅是要培养学生的综合能力，还需教师具备较高的专业素养。文化对于学生具有重要的指引作用，因此，在新媒体视角下，有必要培养一批优秀的学生干部和党员干部，杜绝网络上的不良风气，向学生传播正确的价值导向与积极向上的正能量。各高校还可以根据不同学生的实际情况及身心发展的需要，综合新媒体的发展规律，多向学生传递一些中华传统文化，以便为学生树立正确的价值导向，提高高校思想文化建设的有效性。

（三）树立良好的高校整体形象

无论是国家重点建设院校还是普通高等院校，都需要树立良好的学校整体形象。只有树立了良好的形象、营造了良好的氛围，才能达到教书育人的目的。此外，良好的文化环境对教育活动以及相关工作开展也具有重要的推动作用。在新媒体背景下，各行各业的工作节奏加快。各高校需对校园文化底蕴进行深入挖掘，为在校学生营造具有自身特色的校园环境，推动校园文化的传播，让教师与学生都能够在教与学当中获得归属感和认同感，进而提升教师的教学积极性和学生的学习积极性。在这样良好的氛围中，也更利于学生树立正确的价值导向。再者，打造校园品牌、树立良好的高校整体形象可以无形中推动教学发展、提升教育水平。值得注意的是，在树立良好的高校整体形象的过程中，不能一味注重学校的知名度，应充分综合本校所开设学科的特性，为学生营造良好的学习氛围，提升学生的学习积极性与学习动力，为各个行业培养优质人才。比如，各高校可以在学校的公共场所放置雕塑景观，雕塑景观作为一种艺术品具备独特的艺术感染力，可以潜移默化地影响师生的审美情趣和价值观念。在教学之余，各高校还可以定期组织一些校史文化研究活动，充分发挥新媒体平台的优势，推动线下交流与线上互动同时进行，调动学生积极参与，让学生充分了解本校的办学史。

（四）构建主题网站

“主题网站”是在新媒体背景下延伸出来的一个新名词，它可以有效推动高校优秀文化的传播。新媒体与互联网络一样，是一把“双刃剑”，既有优势又有弊端。无论是校方、学生还是社会人士，都能够在网站上自由发表言论，若是在网站上出现了不当言论，将会严重影响高校的思想文化建设。所以，各个高校在构建网站之前需充分了解新媒体的优势与弊端，做好信息筛选工作，杜绝不良信息进入学校主题网站。在构建网站之后，学校的学术氛围、教学情况及师资力量等方面都可以在网站中得以体现，学生也可以就学校工作的遗漏之处提出意见，加强高校思想文化建设的有效性。此外，在主题网站上还可以上传学校的文艺活动图片、视频以及社会活动的相关咨询情况等，以便吸引学生积极参与网站建设，提升其艺术修养和人文关怀。网站还需遵循社会主义核心价值观，传播中国优秀传统文化与爱国情怀，让每一名学生在结业之后都能积极投身于社会的各项事业建设，宣传先进文化。

要想不断提升高校办学质量，就需要重视高校思想文化建设的作用。新媒体虽有一定的弊端，但也为高校思想文化的建设提供了一个新的平台。所以，各高校应充分分析新媒体的优势与弊端，并结合本校的实际情况对新媒体平台加以利用，推动学校进一步发展，为社会培养更多的优质人才。

第六节　新媒体时代跨文化教学创新

随着我国改革开放步伐的加快，我国与国际间在经济、文化等领域的联系交互越来越密切，新媒体时代又使不同文化背景的人们互动交际成为可能。新媒体为当代跨文化教学模式创新发展带来了契机，高校应探索、创新跨文化教学模式，培养、增强学生的跨文化交际能力。

新媒体的出现丰富了文化的传播途径，也使文化呈现出多元化的特点，加快了不同地域、不同种族之间的文化碰撞和融合。借助先进的数字信息技术，以广泛的互动传播为特点，为社会各领域的信息传播形式带来新的机遇和挑战，为当代跨文化教育模式创新发展带来了机遇。

一、跨文化教学的内容、作用和现状

（一）跨文化教学的基本概念

跨文化教学是指对学生进行国内外文化的教学活动，引导学生获得丰富的跨文化知识，养成尊重、宽容、平等、开放的跨文化心态和客观、无偏见的跨文化观念与世界意识，并形成有效的跨文化交往、理解、比较、参照、摄取、舍弃、合作、传播的能力。通过跨文化教学，有助于不同地区间的人员交流。由于不同国家间的文化价值观念、宗教信仰和思维生活方式等方面的个性特征，在跨文化知识欠缺的情况下，容易在跨文化交际中引发误解、摩擦，有可能无法进行顺利的信息传递，以至于发生不愉快事件。

（二）跨文化教学的作用

促进学生交流能力提升。跨文化教学能够提升学生的跨文化意识，减少或避免用语失误，提升跨文化内涵，提高对跨文化的敏感性等。通过跨文化教学，使学生了解目标语言国家的文化背景和传统习惯，增强学生的跨文化意识，更好地理解和应用目标语言进行交际。跨文化教学能够有效改善传统目标语言教学模式，在目标语言词汇、语音以及语法等传统内容研究的基础上，融入地区相关背景文化知识，有助于学生准确理解语言，避免交流用语失误。

提升学生对目标国家文化内涵的理解能力，增进中外知识交流。通过跨文化教学，使学生能够较为全面地了解目标语言国家的各种文化，诸如目标国家的政治、经济、军事、科技、教育、艺术和历史等，增进国与国之间的文化交流。通过跨文化教学，获取更多的目标语言文化知识，提升学生的目标语言认知能力，帮助学生理解目标语言国家的思维模式。

（三）跨文化教学的现状

教、学两个群体跨文化素养薄弱。跨文化素养包括跨文化交际能力和跨文化传播意识及能力等。文化已渗透国家的各个领域，国家或地区间在政治、经济、军事交流和两国民众交往等领域的交往无一例外地包含着文化的元素。文化相互包容，而不同文化之间的包容能使世界各优秀文明成果相互交流。

国内仍然以应试教育为主，轻视文化输入，教师缺乏相应的跨文化交流经验和培训。跨文化教育内容编制、课程设置和考试考核流于形式，跨文化意识的培养没有得到足够的重视。而现代社会日益开放，趋于多元，学生应拥有良好的跨文化沟通能力。

跨文化教学内容、手段有待完善。跨文化在各专业课程中内容占比较少，或是尚未与相关课程进行有效融合，造成学生在课程理解和接受上存在困难。例如，传统外语教学主要以词语、语法和句式教授为主，跨文化教学手段、教学策略单一，教师与学生的互动性不够，在跨文化知识传授方面深度不够，使部分学生无法准确理解或灵活运用所学知识，在与外国友人的沟通交流中可能出现误解或矛盾。

教学实践活动缺乏。由于跨文化课程主要是选修课，因此跨文化教学实践活动相对较少，系统的跨文化教育实践活动几乎没有，日常实践活动主要还是在主干专业学习过程中部分穿插跨文化知识。跨文化实践活动涵盖精神、制度、行为和物质等四个层面，此类实践活动可使学生的学习态度从被动、消极转变为积极主动，了解本国与外国文化的差异性，求同存异，加强对本国文化的认同和对异国文化的理解，有利于正确处理因文化差异产生的矛盾冲突。

应用型人才不足。在世界经济全球化的大背景下，跨国公司中的文化冲突日益增多，企业的发展急需跨文化人才。跨文化能力包括跨文化认知能力、选择能力和传播能力，需要通过各种手段培养学生掌握跨文化能力，培养跨文化应用型人才，使其具有开阔的国际视野，精确掌握国际经贸知识和跨文化沟通交际能力。

二、新媒体与跨文化教学

（一）新媒体时代的特征

新媒体技术包括数字杂志、社交网络、移动电视和触屏媒体等。由于其信息共享、传播能力强、获取信息快捷等特点，已充分融入人们的现实生活中。新媒体具有交互性与即时性、海量性与共享性、个性化与社群化的特点，因此通过网络世界的连接，能将海量的信息以低成本的方式还原到每个个体身上，形成一个虚拟的社会空间，以新媒体为载体，人们可以自由穿梭于知识的王国中。

（二）新媒体对跨文化教学的影响

新媒体创新了跨文化教学的教育途径，跨文化教学丰富了新媒体的教育内涵。2009年12月，英国总领事馆文化教育处发布的全球学生留学决策调查数据显示，自2006年以来，大众传播课程已经连续多年成为最受欢迎的五大课程之一。为适应高等教育新形势，2010年3月，欧文国际教育集团与英国伯明翰传媒学院举行签约仪式，于沪上开设新媒体传媒专业。新媒体引发了跨文化教学模式的大爆发。投影仪的使用代替黑板，MOOC大规模开放在线课堂的产生，逐渐改变了人们学习的观念，使教与学不再受时间、空间的限制。

三、新媒体时代跨文化教学创新模式研究

（一）强化教、学两个群体的跨文化教授和学习理念

强化教、学两个群体的跨文化教授和学习理念，提升两个群体的跨文化意素养。不同国家之间的政治、历史、生活、思维模式等各方面有着许多迥异性，教师应通过丰富多样的跨文化教学，积极了解跨文化知识，开阔视野，从而不断提升自身的跨文化教学水平。学生应认识到跨文化教学的重要性，端正学习态度，发挥主观能动性，通过微博、微信公众号等自媒体主动学习国内外文化知识，培养自身的跨文化思维。

在语言教学、历史、哲学、政治、经济等科目的教学工作中，加强教师、学生群体对跨文化的重要性认知。教师在课堂授课时采用小品、短视频、PPT演讲和“互联网+”等方式，将东西方文化融合并加以比较，培养学生的学习兴趣，并形成教、学两个群体的积极互动，贯穿整个教学进程，使双方都能深层地掌握跨文化知识。

（二）制定教学目标，丰富跨文化教学内容

以提高学生跨文化素养，扎实本专业理论知识，培养应用型、综合型、具有跨文化能力人才为目标，科学合理地设置跨文化教学课程，有效培养学生跨文化交际能力。（1）跨文化专业课程内容应涵盖目标国家的人文地理、政治历史、科技文化、民族特性、传统礼仪和风俗习惯等文化背景知识，联合其他学科的教师，开设多学科教学。通过讲座，向学生全面介绍目标国家的民族特性、文化特点、风俗习惯等，使学生总体把握和了解目标国家。（2）结合学校实际条件，教师可开辟诸如英美文学欣赏、英美社会与文化、中西方文化对比等课程，品味和体验中外文化在各个方面的异同。将必修课和选修课相结合，传授跨文化背景知识和跨文化交际技能。在课外，学生可参与课外阅读、外语角、电影电视观看和拍摄短视频等。

（三）充分利用新媒体技术实现个性化教学

当现实社会中处于不同国度，拥有不同文化背景的人，通过网络的虚拟社会而紧密联系在一起时，知识的交流也就变得便捷起来。如高校教师可将教学内容录制成影音视频，制作成网络在线课堂，学生可根据自己的时间自主完成学习。以往对于那些在普通高校就读的学生而言，名校名师的讲堂是遥不可及的，而现在拥有丰富优质教育资源的高校可将名师讲堂制作成网络课堂分享，让普通高校和教育资源落后地区的学生也能得到好的教学机会。

由于新媒体让知识的交流变得即时，高校应重视培养教师的跨文化素养，可开展培训和对外国先进知识、研究成果、语言、哲学、风俗等的学习，培养具有良好跨文化素养的师资队伍。高校还可开展对外国学生的网络课程，外国学生可在网上完成自主学习和考核，获得学分之后可对其发放学位证，同时鼓励我国学生积极参与这种跨国教育，实现跨文化交际。特别是对于外语课程的学习，利用新媒体可打破应试教育产生的“哑巴英语”现象，满足一对一与外国人交流学习，让学生学到标准的发音，或利用网络课堂直接与国外的教师进行“一对一”交流学习，让跨文化学习不再是为了应试，而是可以充分应用于实践。

第四章　新媒体环境下高校教育教学创新研究

第一节　新媒体实务教学新路径

网络与新媒体专业近年来发展迅速，但新媒体实务课程的教学方式和理念滞后，缺乏可行的教材；教师的知识结构不合理；教学和业界缺乏顺畅的沟通机制。解决这些问题的方法，除了压缩理论内容，增加专业实践时间之外，还要借鉴一些新兴的教学模式来对该课程进行改革，其中，慕课、翻转课等新型教学模式对新媒体实务课有一定的启示作用。

伴随着微博、微信等自媒体的兴起，在“人人面前都有麦克风”的时代，教师和学生在新媒体的使用方面处于同一起跑线，加之社会对新媒体人才的技能要求已从内容生产转变到熟悉 App 制作和社交媒介管理，因此，对于新媒体实务课程而言，传统的教学方法已全然不适应社会需求，探讨社交媒介情境下的新媒体实务课程教学在当前显得尤为重要。

一、新媒体实务课教学的困境

新媒体实务课探讨的是在社交媒介时代如何进行内容生产和技术制作，是和网络新闻最接近的一门课程。然而，在日常教学实践中，该课程却面临一系列困境。

首先是缺乏一套行之有效的教材。据统计，当前关于网络新闻实务方面的教材多达几十余种，出版的日期也多集中在近 5 年，这些教材的编写体例大多遵循传统新闻教材的采、写、编、评逻辑。以网络新闻编辑类的教材为例，笔者在某网络书店搜索到近 20 种该方面的教材，数量不可谓不多，但是教材的内容滞后表现得很明显。例如，关于网络专题方面的内容，几乎所有教材均花大量篇幅介绍，然而，业界反馈的信息却是“专题是过时的手法”，“二级页面比一级页面要少 80% 的用户，在很多时候，做大专题纯属费力不讨好”。对于近年来风靡业界的 Html5 动态新闻专题，所有教材都没有涉及。在网络新闻写作方面，笔者查阅了几本教材，多是按照传统的写作体例逐一介绍，导语、主体和结尾等写作技法仍被奉为圭臬，对于当前阅读量达 10 万次以上的数据新闻的写作技法完全没有探讨，这不能不说是遗憾，即有的教材难以适应碎片化、浅层阅读及悦读时代。行之有效的教材缺失导致的一个结果是上课时不依赖某一本教材，而要若干本教材结合讲解，这样就使课程的系统性和逻辑性受到破坏。另一个结果是抛弃教材，在 2015 年 4 月，笔者对某知名大学的网络与新媒体专业负责人进行访谈时发现该专业不订教材。还有个重要的问题是高校对业界的最新成果缺乏有效的互动，以搜狐新闻手册为例，这本小册子在业界引发的重视非同凡响，然而，对于高校从事网络新媒体教学的教师而言，却由于平时和业界缺乏顺畅的沟通渠道而“望书兴叹”。

其次是教师的知识结构和考核标准问题。关于教师的知识结构问题，从技术教学方面体现，新媒体技术教学是新媒体实务课涉及的主要内容之一，只有和技术完美结合的内容生产才是合理的。然而，当前的新媒体技术教学情形不容乐观，传统的新闻学或传播学博士在内容教学方面没问题，但是在技术方面却捉襟见肘，以致技术教学严重滞后于业界现状。目前的专业课教师仍讲解传统的网页制作教学，然而，这种技术在实践中已经让位于 App 制作技术和数据挖掘技术，这两方面可谓新闻专业课教师的“软肋”。在教学实践中，学校层面的人才标准和专业课对教师的技能需求不甚吻合，甚至会出现适应专业教学的师资却不符合学校层面的定位现象。当前，解决新媒体技术教学的困境呈现出三种路径：第一种是专业教师提高自身的技术制作能力；第二种是外聘教师；第三种是在全校范围内资源共享，鼓励学生跨专业选修计算机学院开设的与该内容相关的课程。笔者以为，技术教学的困境和教师知识结构的局限，其根源在于对博士文凭的盲目崇拜以及教师考核机制的僵化。当前网络与新媒体专业教师的考核和其他专业的教师毫无二致，注重科研项目和学术论文，轻视教学实践，这种导向将会使该专业未来的发展越来越远离业界实践。

最后，是课堂和业界实践缺乏顺畅的沟通机制。网络与新媒体专业的教师多数理论储备充分而实践欠缺，因此，在课堂上教学时多数基于对新媒体的想象，而非从经验层面来展开。这就导致与传统新闻教学出现类似的情况，即教师在课堂上的教学被形容成“隔山打牛”，这种“纸上谈兵式”的教学当然不能培育出适应业界实践的能手。为了克服该问题，有的学校采取从新闻一线请资深记者进入课堂的做法，应该说，此举给课堂注入了活力，让最前沿的理念和操作技术进入课堂，短期效果显著。然而，名家进课堂存在两个问题。一是这种做法受限于学校所处的地理位置，如果高校地处新闻名家汇聚的北上广深等一线城市，此举的成本较低，可行性比较大；如果学校地处西北或者其他偏远地区，那么该举措难以形成制度性的机制。二是业界名家进课堂，带来的更多的是“活鱼”，案例新鲜、操作技巧超前，然而，缺乏系统性和理论性。教学和业界实践的沟通如果持续不顺畅，还会出现学界和业界相互轻视的现象。因此，该如何调适这一矛盾也是高校未来需要考虑的重要问题之一。

网络新闻传播实务课的教学困境远不止上述三方面，但是，如果上述问题不解决，还按照传统的教师台上讲课、学生台下漫不经心甚至靠刷手机来打发课堂时间的话，那么该专业的发展前景将不容乐观。

二、慕课模式对新媒体实务课的启示

在当前的教学实践中，为了应对上述教学困境的举措，除了压缩理论内容，增加专业实践时间之外，还有必要借鉴一些新兴的教学模式来对新闻实务课进行改革。笔者以为，引入新举措的根本目的是调动学生的积极性以及缩短与业界的差距等，其中，慕课、翻转课和研讨课等几种新型模式对新闻实务课有一定的启示作用。

慕课指的是“大规模、开放式在线课程”（Massive Open Online Courses）。其中，影响最大的是 Coursera 平台，由美国斯坦福大学的教授创办，报名学生突破 150 万人，来自全球 190 多个国家和地区。“课程注册人数多，每门课程容量可达数万人，最多一门 16 万学生；学习气氛浓厚开放，以兴趣为导向，凡是想学习的，都可以进来学；使用客观、自动化的线上学习评价系统，像是随堂测验、考试等，还能运用大型开放式网络课程网路来处理大众的互动和回应，提出问题 5 分钟后能得到反馈。”其重要特点是资源丰富，全球范围的一些高校资源共享，而且成本低廉。复旦大学 2014 年 4 月首门上线 Coursera 平台的课程《大数据与信息传播》，全球选课人数已突破 1.2 万人。这门课由复旦大学新闻学院程士安教授执鞭，探讨人、媒介、信息在社会化媒体环境下的新规律。在国外几大慕课平台的影响下，清华大学的“学堂在线”、上海交通大学的“好大学在线”、深圳大学致力推动的“优课”联盟（UOOC）等中文慕课平台相继上线。其中，学堂在线上与网络新闻传播实务相关的课程多达 20 多门，二级页面“广场”栏目则是学习者互动的区域。“好大学在线”中也有若干课程与此相关，而入驻“优课”联盟的高校近百家，是几家平台中数量最多的一家。中国大学的慕课平台显示，截至 2015 年 5 月，进驻该平台的高校仅有 32 所，其中北京的高校数量占 21%、长三角高校占 19%、西部地区高校占 19%，32 所高校开设慕课 375 门。和全国 2 000 余所高校及诸多学科的课程数量相比，这一数字反映了高校领导者对于新兴技术的不敏感。在中国大学慕课平台的课程中，和网络与新媒体相关的有大学计算机、C 语言设计、数字电子计算基础、数据结构等十余门课程，授课教师清一色来自各大名校，听课者参与的程序很简单，此外还需要“提交作业、测验、期中考试及期末考试”等。高校扩招使实验室资源紧缺，学生对于新技术的学习在课堂上根本无法完成，但是，目前几乎人手一部智能手机，关于 App 等移动媒体技术的学习完全可以借助个人的手机完成，互联网上商业性质的“慕课网”实用性更强，如有的网站定位“国内最大的 IT 技能学习平台。提供移动端开发、PHP 开发、Web 前端、Android 开发，以及 Html5 等视频教程资源公开课”。以 Html5 专题制作为例，该页面详细介绍了“Html5 热点关注、开发实例、新特性和应用开发”等方面的内容，而在应用开发方面，则有 40 余篇文章对 Html5 进行了多维度的应用开发介绍，这种专业水平是传统新闻实务教师所无法达到的。不过，传统的教学方法多把师生限制在教室内，重书本而轻实践，对于当前的教学机制而言，慕课该占有怎样的分量还值得探讨。如何激发学生在慕课的学习兴趣是另一个重要问题，手机、平板电脑的娱乐化功能越发凸显。调查显示，在中国移动互联网用户的热门活动中，52.6% 的用户热衷在线音乐，34.8% 的用户热衷在线游戏。在缺乏压力和监督的情形下，学生很难对枯燥的技术视频教学产生兴趣。笔者以为，课堂之外的学习在未来所占的比重会越来越大，如何培养学生的新型学习习惯和健康的新媒介素养，也是本节需要考量的问题。就前者而言，新型的学习习惯减少了对传统教学方式的依赖，能有效克服所授知识的滞后性，保持对前沿热点领域的关注和学习等；而对后者而言，良好的新媒介素养能减少对新媒介娱乐功能的沉迷，转而对技术和创新等因素进行关注。

对于非一线城市的高校而言，不少高校的新闻传播学院设置在远离市区的地方，交通不便，环境相对比较闭塞，因此，利用慕课来消除知识获取上的鸿沟显得尤为必要。慕课有助于加强课程内容建设与推进混合式教学改革，使学习空间从类似公共空间的教室变得虚拟化，师生之间的传播形式也由人际传播变成大众传播，学习时间变得可自由支配，对于快节奏的后现代社会而言，无疑是一种进步。慕课学习并非传统课堂教学的简单补充，对于网络新闻传播实务课而言，慕课为翻转教学形式提供了便利条件，对基于印刷术的传统课堂教学结构进行解构，学习的决定权从教师移至学生信息的获取主要依靠学生对新媒体的应用，而课堂上的主要任务则变成了基于项目的学习，自媒体平台诸如微信群、微信公众号、微博平台等为这种项目式的学习提供了便利条件。

当然，采用慕课形式学习网络新闻传播实务还面临一个重大问题是如何将这种学习形式纳入既有的教育体制中，即学习者取得了慕课的结业证书和分数，但是所在学校可能并不认可，在上述几个国内慕课平台中，只有上海交通大学的“好大学在线”提及学分认定的问题，但这种认定范围仅限于合作的 33 所高校，对于适应“互联网 +”时代而产生的网络与新媒体专业来说，是一个发展的障碍，也是未来教学实践中需要解决的一个问题。

第二节　新媒体环境下字体设计的教学

新媒体环境下对于信息的传播、字体的设计不再只有唯一的衡量标准和创意要求，字体设计要根据其传播途径的差异，做出相应的改变。在教学实践过程中，对于字体设计的教学理念和教学方式都要有一个划时代的提升与创新。本节将在分析新媒体环境特点的基础上，研究在不同领域、不同功能下对于字体设计的多方面要求；并结合字体设计的教学实践，从创意创新教学模式以及提高教育对象的综合能力等方面进行研究与探讨。

一、新媒体及新媒体环境

英国中央圣马丁艺术学院教授崔西亚·奥斯丁在著作中提到“新媒体是指依托于互联

网、电脑游戏、光盘和影碟交互环境进行的视觉传达和信息交流模式。事实上任何数码移动产品，还包括自动更新的电子阅读器，都属于新媒体的范畴”。在新媒体环境下，字体设计不仅保留了其在传统媒体中的表现形式，而且基于新媒体的传播特性和表现形式衍生出了新的形态。新媒体最明显的特点是交互性强，能把静态的设计，如印刷、摄影、广播、电视或电影同动态网络反馈、交互展览，物体和环境相结合依托于新媒体在表现形式上的动态性和传播形式上的交互性，字体设计也将突破传统形式进行创新。字体是视觉传达设计的重要手段，但字体的功能性并不像其他设计表现得那么纯粹。虽然字体设计不可以直接使用，但是其运用的范围十分广泛，比如，包装设计、标志设计、招贴设计等方面。随着新媒体的普遍使用，字体设计作为新媒体技术下的视觉语言得到了进一步的发展：基于新媒体的动态表现形式和互动性的传播特征，动态标志、动态海报、互动招贴等众多视觉传达新语言丰富了视觉效果。这种新的视觉语境下同样要求字体设计根据其载体进行相应的形式创新。

二、创新教学实践

基于新媒体环境下字体设计的特点和要求，字体设计教学实践不仅要符合平面效果上字体设计的要求和教学重点，还要加入新媒体环境下字体表现形式的相关要求。针对新媒体动态效果、互动性的特点，以及新技术下的衍生形式所需要的表达要求，将字体设计的教学实践环节从创意语言的培育、表现技法的创新以及综合运用能力等方面进行充实与完善。

（一）创意创新的培育

创意创新培育。首先，要注重结合相关知识的运用除了其他感官形式的结合以外，字体设计和版式设计、字体设计和色彩学、字体设计和图形创意的理论知识同样也要运用到设计过程中。将字体设计结合版式设计的基本理论运用到整合媒体、跨界媒体等捆绑式媒体传播形式中，根据不同媒体的不同要求按需组合，也给字体设计的教学与实践带来了不小的挑战。字体使用途径的不同导致其字号、像素及版式效果都会有相应变化。既要保证字体设计在相关媒体上的适用性，又要保证其设计感，是创新教育中的另一个创新重点。其次，崔西亚·奥斯丁在其著作《新媒体设计概论》中所引用的弗兰德·迪克林（Fred Deakin）的理念“新媒体的出现对于平面设计来说是一把‘双刃剑’。这种可以创造和融合平面内容、声音、音乐以及各种界面的技术，赋予设计师和我们探索那些曾经不愿接受新媒体的勇气。新的工具同时也扩展了相关技术的适用范围并在多学科混合项目中取得了良好的效果，同时也在传统领域发挥了重要的作用，比如字体设计和版面设计”。在创新性教学中，新媒体融合了声、光、影、音等多种传播形式，字体设计也不再单一的在二维媒体展示的平面上。空间内的字体设计、动态交互型的字体设计、动态配合声音节奏性的字体设计等形式层出不穷。在教学活动中引导学生从意识上更新字体设计的观念：字体设计不再是一个平面衍生形态下的生成作品，更是空间里互动过程的必备元素。课堂教学中要培养学生字体设计不只是平面表达形式。在做平面中的字体设计草图时，要形成创意系统，考虑到应用在三维空间、音效、交互设计里的形态。

（二）教学形式的创新

新媒体是现代教学实践中最重要的手段之一，综合利用各种媒体形式的优势，将平构、色构、音效、动画及字体设计等重要的效果因素有机结合，本身就是新媒体环境下字体设计的典型案例。在教学结构的设置中，秉承基础理论和传播媒体特性分析并重，用传媒特点体现基础理论的内涵，用基础理论的精髓分析媒体传播过程中字体设计的重要性。随着新媒体被普遍接受，强调新媒体成像特点、传播特性，让学生深入了解字体设计的来龙去脉，更精准地针对不同传播渠道、不同用途的文字进行相应的设计工作。在课程教学过程中，学生可以根据自己在平面中制作的草图进行相关动态、互动动作的延展设计。对设计好的字体进行效果展示，使其在动态、互动中的字体符合其功能和风格。在激发学生兴趣的同时引导其在实践中理解、感受字体设计的规律。

尝试从字体所应用的新环境进行教学创新。新媒体的动态效果、互动效果及模拟环境中立体效果的展示形态层出不穷，要求字体设计要随之不断进步。在教学过程中，要培养全面、合理地考虑字体的应用范围及展示效果的理念，避免设计出的字体仅能运用在有限的媒体上，缺乏整体感和系统完整性。为达到这样的教学效果，可以尝试利用新媒体多样化的效果展示与体验功能，模拟创意形式和预设设计效果。在创意方法上，要将传统媒体的构成理论基础、相关新媒体知识以及用户体验和设计目标要求等相关知识、要求进行综合性考虑，形成一套可以匹配新媒体展示功能和应用效果的字体设计，逐渐摆脱传统平面媒体字体设计方法的限制。

从字体设计相结合的其他媒体形式进行创意创新的唤起。新媒体技术的日益强大，使在新媒体形势下的字体设计有必要与其应用环境和多感官传播形式结合进行教学实践。根据新媒体适用的表现手段和表现渠道，结合整体效果的主题特点及表达要求，结合音频节奏、触感等形式，让动态感、互动性的文字与之相匹配。视觉上的体验变化同其他感官的节奏感相互配合，力求给予受众多感官、多方位，真切、生动的形式表达。体现不同字体设计的运行环境、投放媒体特性、表现要求变化，根据要求的不同和表达形式的不同，因地制宜地转化字体的形式与风格。

（三）综合应用的创新

在字体设计的创意培养模式下，字体的概念、字体设计的基本理论和相关知识的铺垫依然是字体设计的基础支撑。结合当下设计趋势与经典案例，分析并阐述其字体设计的原型和创意方式，引导学生用综合利用设计原理，结合当下设计风格分析、解读成功案例的创作过程和成功原因。通过当下设计案例的分析与研究掌握设计手法、字体设计与造型能力及新媒体环境下字体设计的发展趋势。在教学实践活动的创新过程中，要注重将字体与其内容和作用相结合的创意创新。随着新媒体环境特点的逐渐显现，不仅新媒体的表现形式和传播模式发生了改变，其形式和内容也发生了较大的变化。在教学过程中，要将设计发展趋势与成功案例进行讲解分析。分析当下的设计发展趋势，有助于学生更好地对实效性较强的风格理念的理解和应用。解析成功案例，通过反推、分析等手段，引导学生深入地思考在同样的创意手法下，如何进行不同特性化的创意字体设计。联系自身实际，更有效地进行不同方向的对比，在深入辨析优秀案例的同时，也对自身的设计风格和设计理念进行一次次深入、定向的探究。此外，在学习优秀案例的同时也要注重选取时下相关热点话题进行创意作业练习。例如，微博热搜词汇、网络流行语等既具时效性又具实用性的实用语言，以此激发学生的创作热情和探索兴趣。结合自己的兴趣点和时代热点进行创意，不仅可以让学生练习找准切入点，同时也减少了学生对于命题理解的误差，并以此类命题展开调研、解析更多的字体风格和应用方法。在兴趣的引导下，将个人风格结合不同语境、含义对字体设计进行创意设计。此外，还可以结合大赛实题开展创意内容，带领学生进行实题实做教学。实题实做教学是具有针对性、实战性的教学方式，根据现有的要求和限定，在实际的命题背景下进行字体设计及相关延展设计。在实题设计过程中，学生可以真切地了解到字体设计在实际市场中的主要作用、应用范围、不同风格形势下字体的表达要求。

新媒体环境下的字体设计面临着不小的挑战。字体设计的要求源于新媒体的形式，新媒体日益优化的技术为字体设计提供了更多的表现方式。新的表现形式带来了更大的市场需求，在这种市场需求下，要求字体设计的教学实践活动要随之改变。新媒体及其衍生媒体传播范围之广、传播范围之迅速、传播形式之多样、受众者也是发布者等特点，给字体设计在功能和效果上都带来了巨大的改变，同样也表现在其丰富的形式上。尽管如此，二维平面中的字体设计是新媒体字体设计的雏形，更是新媒体衍生形式下字体设计的根本。所以，不抛弃原有的教学理论及美学原理，将字体设计转型运用到新媒体的进程中，依旧要秉承坚持。字体设计作为适用性极强的一个设计方向，将会随着新媒体的发展变得更加多样化。新媒体及其衍生形式的多渠道传播、表现形式与其他相关设计专业的联系越加紧密，形成更多的表现形式。在教学活动中，培养学生全新的字体设计思维模式，提高其新媒体环境下字体设计的综合技能和表现技法。根据新媒体动态感、互动性等特点，在创意的培养阶段给予学生较为全面、较为完整的创意体系的建立。利用完善的创意构思，引领新的教学模式下产生的字体设计可以灵活运用于传统媒体和新媒体的各种平台之上，使字体设计摆脱媒体表现形式的差异束缚，较为整体、合理地将字体设计效果展现在各种媒体平台上。

第三节　设计与新媒体实践教学

深化教育教学改革以来，天津美术学院一直把设计与新媒体作为学校的重点建设学科，拥有工业设计、动画艺术设计、数字媒体艺术三个品牌专业作为重点学科发展对象。通过十几年的重点培养，目前三个学科建设优势明显，紧密结合社会发展需求，采用多种实践教学模式，研究培养学生创新能力的实践教学模式，为社会培养了大量的优秀人才。

自从重点学科建设启动后，天津美术学院加大了实验室的投资、建设和管理力度，实行了校、院级二级管理。学校整合学院之间的优势资源，将设计实验室和新媒体实验室合并成立了设计与新媒体艺术实验教学中心，合并后的实验中心承载着设计与新媒体学院各个专业的实验教学任务，中心下设与专业发展相符合的实践教学实验室和学生创作工作室。为贯彻新形势下人才培养机制，适应社会发展注重实用型人才发展的需求，中心下属各个实验室专注实践教学，培养学生的创新能力，通过不断改进和完善实践教学新模式，学生在科学研究、实践创新方面都取得了显著的成果。

一、实践教学理念

实践教学是人才培养的最终目标，艺术类学生要想毕业后得到社会的肯定，就要将艺术和实践相结合，运用学到的理论知识，用于发现问题，研究和解决问题，增强社会服务的责任感，进行理论联系实际的钻研，培养艺术知识架构体系，开发实践动手动脑能力，通过实践开发创新成果，全面调动学生情感、能力的辅助作用，提高今后走向社会的竞争力。

天津美术学院从人才培养的根本任务和艺术教育规律出发，将加强艺术人才的创新能力和实践能力的培养作为本科教学改革的核心内容。学校注重实验教学和实验艺术的创新发展，先后制定了应用于不同专业的实验教学大纲，在“十二五”期间购置了大量专业仪器设备，在硬件设施上处于艺术类院校领先水平，实验中心制定了比较完善的规章制度，各个实验室的管理水平逐年提高，实践教学的开展更适合专业发展的需求。

自设计与新媒体实验中心成立以来，始终致力于实验教学的改革和实验教学体系的完善。根据我校对艺术人才培养教学理念的多年探讨，艺术类实验中心的建设属专业实验中心建设，是艺术与工程的结合。学校的本科教学大纲规定，实践类课程约占总课程的60%以上，而设计学的大部分专业课程必须利用实验室完成。学校提出了设计与新媒体实践教学的理念，以培养学生动手能力为目标，将理论传授、动手实践、创新培养作为一个整体教学过程；以培养创新型人才为目标，注重专业实践教学的深入开展和研究创新。实验中心实践教学强调智能与技能、艺术与技术相结合；强化学生运用所学知识与技能进行实际操作和解决问题的能力，综合创新能力和社会适应能力，培养学生成为适应社会需求的创新应用型设计人才。针对设计学科而言，实验教学以视觉传达、工业设计、动画艺术、装饰艺术、数字媒体、移动媒体、环境艺术、服装染织设计等作品的技术制作和艺术创作训练为重心，以各门类艺术知识的传授和实验项目的完成为手段，注重探索体验的创造型思维方式，达到培养艺术设计实践能力、创新能力培养的目标。

二、实践教学的规划

（一）加强实验师资队伍建设

师资队伍建设是实验室整体实践教学水平得以提升的关键。学校应该增加实验教师进修深造的机会，培养教师的理论知识体系、综合实践能力和实验创新意识。对实验教师经常考察评比，避免一门课程上几年不改教案、不更新实验方案的陈旧呆板教学。学校增加对企业同行专家的聘任讲学，提高专业学科的多种元素的引入，开拓学生的视野，对当前艺术设计最前沿的东西做到更快、更好的吸收。增加专业设计相关课程的选修，增强学生交叉学科知识创新的能力。

实验师资队伍建设是实验中心常态管理与发展的关键。为此，学校人事处制定了《天津美术学院实验室工作人员考核办法》，教务处制定了《关于加强实验技术队伍建设的实施意见》等相关文件。对实验中心的实验教师和实验技术人员进行年度考核，实验中心将进一步加强实验教师队伍的梯队建设，研究制定相关激励政策，实现教学相长，进而提高实验教学与科研水平，达到提高教学质量的目的。

（二）深化实验室建设和管理

首先要加强实验室的软硬件建设，加强实验中心和实验室的资金投入，借助国家财政投入，实验中心成功申报市级实验教学中心，加大对数码影视工作室、计算机教学实验室，以及平面输出实验室的仪器设备投入，对于产品设计和服装染织实验室也进行了新老设备的更替，全校完成了无线网覆盖，学生网络交流更加便捷，网络互动课堂得以实现。

积极探索新型实践教学体系，借鉴兄弟院校的成功经验，将实验教学作为教学改革试点，坚持理论和实践齐头并进的教学模式，建设开放型实验教学体系，增强学生的研究技能，实验教师继续改进教案，编撰侧重动手实践的教材。

（三）扩大对外交流，发挥对外辐射示范作用

开展大量的国内外学术交流，及时把握本学科的前沿理念与技术，汲取国内外的先进实践经验。在加强自身建设的同时，积极发挥对外辐射作用，努力发展成为具有广泛影响和学术地位的国家级实验教学示范中心。

三、实践教学改革思路和方法

面临社会发展对设计人才的迫切需求，实验中心加强了设计实验课程设置，增加了专业导向，强大了实验教师队伍，并对设计小型科研项目选择种类进行丰富，积极联系相关产业基地，为本科生提供更广阔的实验实习机会，理论和实践在很大程度上得到了紧密的结合。实验中心成立5年来，为社会培养了大量优秀的设计人才。产品工作室抓住“十二五”学科建设重要时期，积极采购了一批先进的工业铣床等生产加工设备，以前设想过很多次

的施工工艺终于得到了落实。通过实践，相关的课程方案和加工工艺得到了很大的改善，学生积极来到实验室进行产品创作，其中电动自行车辅助设计平台的搭建，成功申报国家级课题，并且申报多项校级科研基金，学生作品多次获得创意创作大赛奖励，每年都有多项优秀毕业作品在天津美术学院美术馆展览。

改革思路：遵循艺术设计教学规律，以提高学生创新能力、实践能力和专业水平为指导思想，将实验教学与理论教学紧密结合，有针对性地制订相关措施和培养计划。在基础性实验训练、研究体验、创造性实验训练的过程中，坚持以学生为主体，以能力培养为核心，不断完善更有利于创新人才培养的实验教学体系和人才培养模式。

改革方法：（1）优化数码影视实验室建设，作为实验中心建设的亮点，使之在实验水平和实验条件上继续保持国内同类实验室的领先地位，打造国内高端数码影视实验基地，使之在动漫、数字媒体、移动媒体等新兴产业发挥重要作用；（2）完成产品工业实验室的搭建，购置实践教学仪器设备，提升实验室科研创新的硬件条件，更大程度满足设计类师生研究课题，开展实践教学的需求，构筑优良的实践教学环境，使广大师生业余时间愿意走进实验室进行研究，积极开展与企业之间的产学研交流与合作；（3）继续完善与实验课程对位的系列教材，陆续出版自编教材；（4）努力发展品牌专业的实践教学，开发更多的艺术作品，积极申报相关专利成果，把相关精品课程的实践创新提高到应用实践当中去；（5）积极参加国内实验室建设交流学术研讨会，把工科院校的实践教学与艺术院校的实践教学进行交叉研究，打造具有艺术特色的实践教学模式。

四、实践教学体系建设

在艺术设计造物特性中，人工性、物质性、技术性决定了实践教学是设计学科教学的主体。在此思想指导下，设计学科教学以学生为本，培养学生自主创新能力为目标，设计学理论教学和实践教学为两翼，形成了以设计学各专业的技术制作和艺术创作为中心的实验教学，教学层次分明、实验项目丰富、教学手段多样、实验教学条件优越、实验教学管理完善的崭新的设计学实验教学体系。

设计学科各专业教学依据知识和能力培养两个方面，由理论教学和实践教学构成。从设计人才培养到设计创新成果的完成，这是一个持续不断的过程，其中实践教学贯穿学生创新能力培养的始终。实验教学在本学科教学中占有相当大的比例，发挥着重要作用。为此，我们强化了实验教学观念，并进行了实验课程的规划建设工作。改进的实践教学目标着重培养学生的动手能力、开发实验技能培训课程、设计实践课题、提高学生的创新思维和竞争意识。

四年制主修实践课程 1574 学时，占主修专业课总学时的 74%。在完成相关理论课程学习的同时，实验教学课程与理论课程形成相辅相成的实践教学模式，其中实践教学占据主体地位。

五、设计与新媒体实验教学案例分析

为确保改革方案的推进，进一步完善实验教学资源共享的理念，实验中心在资源整合、科学管理上不断探讨解决新问题，在充分发挥实验室诸多功能的同时扩展实验室功能，扩大实验室教学承载能力，构筑功能齐全、资源共享的实验教学平台。

改革创新是实验中心发展的理念，创新更加离不开实践，产品工业设计实验课程主要围绕提高学生能力、激发创造思维、解决工业上的技术难题和艺术品创作为指导，深入开展一系列知识能力竞赛，学生动手能力和素养不断提升。在实验室里，学生的理论知识往往和实践表现有冲突和矛盾的地方，在实验教师的指导下，学生解决问题的实践经验在不断增加，通过本科四年的锻炼，真正做到把知识变成手艺，将更加有利于他们走向社会，去发挥更大的人生价值。

产品设计专业打破了以往教师虚拟课题、学生创作不结合社会需求的状况，通过建立大学生专业社会实践创新基地，把越来越多符合社会需求的创作应用到实践生产，实践课题设计又反过来促进理论教学，经过改革创新，理论和实践达到了进一步的结合，学生不再把知识僵化在课本中，而是增强了实践动手能力和创新能力，通过联系生产厂家，给予学生相关的设计订单，实验室设计创作的氛围更加浓厚，学生钻研的目的更加明确，为以后走向社会工作岗位打好了坚实的基础。

六、实践教学的创新形式

实践教学是加大人才培养，提高学生创造能力、动手能力、探究能力的重要环节，应把实践教学作为学院的主体教学机制常抓不懈，建立完整的实践教学课程体系。当前，艺术类高校注重培养应用型人才，以适应社会的广泛需求，在实践课程平台搭建方面，课程设置更要突出专业特色和实践课程的有机结合，理论和实践要更加紧密结合。

增加学生实践实习的机会和时间。通过大量练习社会上各种公司的设计订单，学生愿意把大量时间用在实验室进行设计和研究，解决生产上的难题，不断查阅资料，通过真实的课题研究，增强了学生之间团队协作的能力，有人负责数据统计，有人负责建模，有人负责调试和输出。团队精神的建立提高了工作效率和学习效率，学生设计的兴趣得到了广泛的调动，该学科建设水平也得到了很大的提高。

创办和参与设计竞赛，增强学生的竞争意识。当前设计与媒体艺术发展迅速，停滞不前会导致思维和意识的落伍，树立忧患意识、形成不断学习的态度十分重要，源于艺术的创造在未来也更加适应社会的需求。通过开展工艺品设计竞赛、不设主题的装饰品设计竞赛及媒体艺术设计竞赛，学生的思维空间得到了充分地发挥。

实践教学应该尊重学生的个性差异，使每个学生的特长充分发挥，多元化开发学生的创新潜力。通过加强优质教学资源课题的引入，满足不同学生的学习需求，从根本上培养学生的创新意识、精神和能力。鼓励有丰富实践经验的学生参与到教师科研队伍中，以此鼓励学生的动手积极性和创新热情，针对不同专业特长的学生，实验教师将其安排到不同的课题组工作，对学生的理论和实践经验给予了充分的锻炼和提高。

进一步完善实验教学的考评机制，学生的课程分数不再是单一的试卷答题，更多地加入实践作品的考评，增强学生的研究意识。不同学生之间的作品实行互评机制，更多的评判能使学生之间取长补短，活跃整体创新思维。加强青年实验教师在个性化实践教学中的辅助作用，年轻教师更容易和学生交流，为实验教师提供更多的实践课程授课机会。

设计与新媒体艺术作为新兴的实验学科，实践教学还存在很多的不足之处，在解决一些横向科研项目上，实验教师的能力还有很大欠缺。作为实验教师，应该不断加强专业进修，在艺术和技术上不断进步，更好地适应当今社会科技的飞速发展，在应对繁重的教学任务时要针对实践不断进行改革，积极编撰适应时代发展的优秀实验教材。通过实践教学模式的研究与创新，学生学习的热情和氛围达到了空前高涨，克服了懒惰的情绪，毕业生的作品创作不再依赖外面的设计公司和生产企业，学生把更多的时间花在了自习室和实验室进行作品创作研究，实践教学从根本上为学生提供了产学研一体化教学平台，为学生走向社会、服务社会打下了良好的基础。

艺术设计实践教学本质在于创作的作品经受得住实践的检验，做到社会所需，得到社会认可，否则一切自认为再好的艺术得不到第三方的认可和评价，也都是纸上谈兵，通过健全艺术设计实践教学的理论指导，不断提升学校和社会的黏合力，学生的大学所学才真正做到了符合社会经济发展的需求。

第四节　新课程理念下的新媒体教学

新媒体教学已成为中学思想政治课课堂教学的一种流行的优越性非常强的教学手段，但是新媒体教学应从实际需要出发，以增强教学效果为目标，科学地进行教学设计，结合传统教学方式和手段，充分发挥新媒体的优势，注重师生交流，尽量避免新媒体教学的误区，以真正实现思想政治课课堂教学与网络信息技术的整合，优化课堂教学效果。

新媒体教学是指在教学过程中，根据教学目标和教学对象的特点，通过教学设计，合理选择和运用现代教学媒体，并与传统教学手段有机组合，共同组成教学全过程，以多种媒体信息作用于学生，形成合理的教学过程结构，以此来达到最优化的教学效果。实际上，新媒体教学是一系列现代教学设备在教学实际中的综合应用。本节就新媒体教学中的一些体会，谈谈如何适度运用新媒体，使新媒体教学与新课程教学理念更好地有机结合在一起。

一、新媒体教学理念

新课程标准指出:“要把信息技术作为学生学习和解决问题的强有力工具，致力于改变学生的学习方式，使学生乐意并有更多的精力投入到现实的、探索性的教学活动中。”随着社会信息化进程的不断加快，信息技术在教育教学活动中也得到广泛使用。新媒体教学因其图文声像并茂，能突破视觉限制，激发学生的兴趣；其动态画面有利于突破传统教学中单调、枯燥的教学过程，有效地组织课堂教学；其信息容量大、密度高，也有利于节约时间和空间，提高课堂教学效率。

采用新媒体辅助思想政治课教学，可以极大地提高学生学习各种技能的培养和实际应用能力。因此，从教学的发展及学习的需求分析，新媒体辅助教学是思想政治课教学现代化手段创新的一个主要方向，其所占的位置是其他教学手段所无法取代的。

二、充分挖掘新媒体教学的优点

新媒体和现代教学技术的运用，最终目的都是提高教学效率，使课堂教学得到优化。教师可以在课堂有限的时间内，合理地运用现代教学媒体，激发学生学习兴趣，调动学生的积极性，扩大学生接受知识的信息量，既学习文化知识、培养能力，又受到情感和品德的熏陶。实际教学过程之中，新媒体教学日益体现出其众多优点。

第一，教学方式形象生动，有利于激发兴趣，能较好地培养学生的求异思维、想象和创造能力。兴趣是最好的教师，新媒体图文并茂、形象生动，达到了抽象概念具体化、微观概念宏观化的良好效果，使学生如亲临其境，得到体验，通过再发现、再思索、再创造的过程，实现对知识的理解和应用，提高学生的思维能力、想象能力和创新能力。

第二，新媒体信息量大，提高教学效率和教学质量。新媒体教学形象生动、感染力强，有利于学生理解和记忆，又可进行个别化教学，做到因材施教，充分调动学生学习的积极性和主动性，激发学生渴求知识的欲望，从而有效地提高教学的效率。国外有关实验表明，使用新媒体教学，可以缩短教学时间的 1/2，考试中的错误减少 2/3~3/4，可帮助学生比较牢固地掌握知识。

第三，对教学资源的传播和再利用起到了积极作用。新媒体应用数字化教学材料，具有可以长久保存、通过网络技术或其他通信手段广泛传播的特点，便于学生自学和教师交流。而且，教师的教学成果、智慧和经验都将在制作的课件形式下保存应用，成为其教学生命的延续。

学校教育的目的是要培养德、智、体、美、劳全面发展的社会主义新人。为此，我们的教学不仅要使学生掌握课本的知识和技能，而且要对学生进行思想教育。在教学过程中，讲解知识同时运用课件、影音再现故事情节，使学生的直接经验和间接经验得到弥补，思想性更加清晰明朗，学生无形之中受到熏陶，增强感染力。

三、精心设计新媒体教案，打造有效课堂

要辩证地开展新媒体教学。我们绝不能够让新媒体教学流于形式，把新媒体教学作为一种门面来装饰，为了用新媒体而用新媒体，反倒使其教学效果不如普通的传统课堂教学。现代教育技术的优势要更好地发挥出来。新媒体的教学应用，重要的是教学设计，缺乏科学、合理的教学设计，就会出现有教材未经合理应用、有条件不能充分发挥、有能力无法施展的现象。教学内容通过好的教学设计，可以使有效课堂升值。新媒体教学的教学设计，一般应注意以下几点：

（1）把新媒体与其他多种媒体同样看待，研究新媒体与其他多种媒体的有机组合，因为新媒体不是万能的，有优势也有不足，它只是综合了其他媒体的优势，而没有达到其他媒体的最佳表现力。在教学中要合理设计、搭配、应用新媒体和其他媒体，共同发挥综合效益。

（2）选择适合教学内容的新媒体，制作新媒体教材。如思想品德方面的内容，微观、宏观及机制抽象复杂的教学内容、实验技能训练课内容等，使有限的制作能力用在关键的地方，突出教材中的重点和难点。

（3）根据不同的教学要求，采取不同的新媒体教学手段，科学设计新媒体教材的系统功能，如综合演示型、实验操作型、考试测验型、资料工具型、网络教学型，充分发挥各种功能的优点，做到媒体优势与效益的有机结合。

（4）新媒体各种特性的发挥，不能认为新媒体教材越复杂，技术难度越高就越好，必须从教材出发，依据学生原有的知识基础、认知水平和心理发展的特点，根据不同的学习需要，对各种媒体进行比较、筛选，从而选择最佳的媒体。

（5）研制新媒体教材要在创新上下功夫。创新，就要充分发挥新媒体的特性，了解最新理论和技术研究成果，积极探索，制作与教学创新点相对应，形成有效课堂的良性循环。

总之，新媒体教育技术飞速发展，在教学过程中新媒体技术的运用越来越普遍。教师在学习新媒体、计算机技术的同时，还应该关注到教育理论的发展，用先进的教育理论指导自己的新媒体教学。要在新课程理念的指导下，围绕如何实施有效课堂，摸索出新的教学方法，发挥新媒体教学的优势，真正体现新媒体教学在新课程中的独特作用。

第五节　新媒体环境下构成设计教学

本节通过对设计教学存在的问题分析，提出在新媒体环境中，从改革教育理念出发，使用“启发式”、“模块式”教育手段，提高学生的创新思维能力。同时，通过对数字技术手段在构成教学中的应用研究，探索提升构成设计教学效果的有效途径。

构成基础课程是设计类专业必修的一门专业基础课，学生通过课程的学习，完成具象思维向抽象思维的转变，学会用抽象、概括、简洁的视觉形象元素在一定设计法则的指导下进行有内在视觉表现逻辑的创造性行为，是重要的设计启蒙课程。随着的社会进步，体现科技发展以及信息传播多样化的新媒体语言成为许多学科教学运用的载体，能够更好地体现现代教学理念的重要组成部分。构成设计教学呈现了非常强烈的媒体属性，无论在教学过程，还是教学效果评价环节，师生在教与学中新媒体的有效介入都无疑成为重要的手段和方法。

一、传统构成教学和新媒体环境下构成教学的比较

传统教学过程中，大量授课环节和实践环节依靠静态图形示意以及手绘实践操作的形式体现理论讲授、案例分析和实训操练环节。教师的教与学生的学处于一个效率平缓的教学实境中，现代多样化新媒体手段给课程展示、影像传递以及实践技能数字化都带来了全新的面貌。当然，传统教学中的优良传统以及教学方法是基础，新媒体手段的结合方式及适用度的把握需要在教学实践中不断摸索的。

构成教学过程是一个设计教学研究和设计教学实践密切结合的过程，理论研究为设计实践提供验证理论模型和方法，进行新语境下的教学理论建构是结合当下社会发展需求必须为之的探究行为。传统构成教学和现代构成教学是在信息技术发展背景下针对教学模式和方法展开教学方式及效果的比较，针对不同的教学内容，两者表现出不同的优劣势。如何利用两者之间的优劣势，探索出更好的教学方法，从而取得更好的教学效果是讨论的主要议题。

二、教学实践及问题

现代构成教学是一种通过对生活和身边事物的观察和分析，经由对视觉语言的抽象概括提炼，并运用相关设计原理及法则进行创造性的组合。这个过程本身就包含着要对周围世界发生的新变化密切关注并依托其进行创造性的行为，但是往往因为教育者固有的教学思维和程式化的教学范式，不太轻易地进行改变，从而造成现代构成教学中的一些困惑和问题。

（一）常规教学理论的授课模式

“先理论，后练习”成为教学固定套路，教师在常规教学中，一般先进行理论引导，后设计实践训练专题，让学生进行理论到实践的学习认知。但是，学生仅在上课时才进行系统的理论学习，之前没有被引导借助媒体手段进行学习资源的探索和素材收集，无形当中降低了课堂的效率，加之构成设计课堂一般被设计成理论讲授加上实践训练的四节课连上的形式，学生在课堂上最终表现的作品没有足够的时间形成很好的展示效果，导致教师不能够很好地检测到学生对理论学习的成果。为提高课堂教学效率，在授课之前教师应设计相关教学预习环节，引导学生带着问题，结合多种新媒体载体，开展“自主式”的学习。“启发式”教学是在一定形式和任务要求的指导下，更快地让学生更好地适应课程教学内

容，激发创造性思维，从而实现教学目标的更好达成。

（二）表现手法的局限性

传统构成教学中，设计制作的表现手法往往局限于传统工具的绘画表现，在平面构成、色彩构成，以及立体构成方案设计阶段采用工具手绘的形式居多。传统手绘对学生的最初创意表现以及绘画基本功的训练有得天独厚的优势，并且是设计意图反复论证阶段必须经历的过程。但是其劣势也较为明显，费时费工，对错误修正和反复修改没有优势。数字媒体的介入提供了很好的解决方案，就如何形成两者之间的完美对接，突破表现手法的局限性是现代构成教学关注的技能表现层面的关键问题。

（三）专业认知度低，学习针对性弱

构成设计是设计学科必修的专业基础课程，为各种设计学专业提供基础、有效的设计法则和视觉规律。但是，由于各个专业都具有不同的研究领域，不同研究领域对构成课程设计原则的适用性都有其不同的需求。传统构成教学中，过多地关注方法论本身的探索过程，大量的练习和训练仅集中在对视觉规律的渗透上，最终作品没有呈现出较为清晰的专业指向。缺乏对专业领域发展需求和发展趋势的引导，从而造成创新实践的方向和定位不够精准，课程教学溢出的指导效益不高。以数字媒体艺术专业为例，在对点、线、面基础构成练习的过程中，如何引入点、线、面构成形式，在新媒体艺术表现中实现静态图形往动态影像表现的方案解决可以成为课程解决的重点和难点。在构成设计教学中，如何使学生带有专业属性的倾向去解决专业领域的现实问题是加强专业课程衔接的一个重要途径。

三、数字媒体语境下的教学方式改革

（一）新媒体手段在“启发式”教学中的作用

在“实证主义”设计研究的哲学范式分析中，对设计师进行了较为明确的定位。设计师不仅进行具体材料、技术和物理决策，更重要的是要从一个更为广泛的社会、文化的角度对设计进行思考。信息社会中，我们对世界的探索、知识的获得不仅仅停留于传统的方式，各种新媒体载体都成为我们获得新知识的重要工具。现代教学中，“启发式”教育理念正是要借助大量的新媒体工具和数据资料让学生通过有针对性的学习目标，自主完成对问题最初的理论和实践探索。例如，在构成教学中，激发学生发现生活中的具有构成意味的视觉形式，从自然中获取有关信息可以借助各种 App，在拍照获取素材的同时，借助媒体获得对对象物的精准认知，从而激发学生更好的学习兴趣和获得更多的信息储备。同时，在作业成果的展示环节要求学生不局限于 PPT 的各种动态图形的媒体展示方法。

（二）数字化表现技能的有效介入

计算机绘画、新媒体推广手段的运用使现代构成课程呈现出新的发展态势和教学效果。在经过最初的思维创意的拓展和手绘草图的精心筛选后，如何有效地进行作品表现成为课

程最终成果需要解决的重要问题。计算机辅助绘画设计无疑成为一个很好的选择。计算机辅助绘画设计凭借快捷、可反复修改、图形精准、色彩系统可控的优势，在作品最终表现环节体现出与市场商业标准高度匹配的特点。在现代构成教学中，保持创意构成阶段采用大量手绘设计训练的优良方法之余，提高学生使用数字技术手段表现设计成品的技术能力，切实提升教学质量，构建多元化的学习环境。

（三）借助新媒体资源开展“模块化”教学

针对不同的专业属性，设计独立性、指向性强的实践教学模块。借助课程模块化，开展与专业归属行业紧密结合的设计实践专题。各教学模块设置专题实训，结合专业项目的需求，进行快题训练，培养学生的快速反应能力、设计思维的创造性和快捷的方案设计能力。同时，为提升设计的领先意识，教学过程中设计“经典案例分析模块”，结合国际重要展示展览经典案例进行深度剖析。通过新媒体跟踪国际知名展示展览，获得重要参展商及最新资讯，注重设计前沿信息的发展态势。

新媒体环境下对构成设计课程教学展开创造性的变革，是针对媒体环境的变化及接受群体获得信息的特点进行的教学尝试，探索师生在构成设计课程教与学的过程中更好地获得资讯、提升创新能力的途径。借助新媒体手段进行更多、更合理的知识储备和解决方案的参考是提升教学效果的有效途径，数字技术的有效介入在很大程度上提升了构成作品表现的质量。同时，“模块化”的专题实训解决了问题的针对性、有效性，极大地提升了学生对专业学习的认知。

第五章　“互联网 +”高校的教育管理

第一节　“互联网 +”时代学生管理

本节结合当下我国高校学生辅导管理工作的实施现状，参考国内外高校利用互联网等信息技术手段进行学生管理的先进经验，探讨互联网背景下高校学生管理的主要特点和实施价值，并通过对互联网信息传达、数据整合、动态人性化管理、“精细化”辅导等方面的技术及系统优势在学生管理难点上优化处理的具体模式、手段和组建、应用流程进行详细的分析和讨论，为提升高校学生管理的水平，实现高校现代化发展提供借鉴与参考。

一、传统模式下高校学生管理的现状与问题

（一）管理规模日趋扩大，管理涉及学生群体个性化及差异化日渐突出

我国高等教育的日渐普及以及高校扩招政策的逐步推出带来了高校生源基数的不断增大，也造成了高校学生管理无论是在规模适应化实施还是手段适用性深化上难度的日益突出，管理所涉及的学生的背景、专业、需求、性格及行为特点、价值取向等的多样性，再加上当下管理所面临的“00 后”青年群体，其在自我个性化表达以及人性化服务上的需求更加的强烈，传统依靠辅导员及学生干部单一人工为主的管理模式，已经难以有效确保管理高效、高质的实现，更无法全面满足学生对学校在生活、学习、心理、思想等层面多维度、人性化管理服务的需求。

（二）管理手段及理念发展滞后，在动态和“精细化”管理的实施上严重不足

首先，学校对学生管理的重要性和价值始终无法提升到学校发展的战略发展层面，进而在学生管理的人才、资源、技术设备、文化及环境创设等方面的投入存在不足，无法对现代化学生管理工作的开展提供必要的理念、制度、技术、环境和人才支撑。其次，在诸如学生档案管理、宿舍管理、思想政治辅导与教育、社会实践开展等各项管理事项的推进过程中，更多是依靠管理规范的约束与引导，以及管理者的执行素养和行动力来予以实施，不仅缺乏必要的标准化动态流程与科学化手段达到各层面管理内容的高效开展，还造成了

管理的随意化、形式化，大大减弱了学生管理工作的作用。

（三）管理涉及范围窄而浅，无法为高校和学生的发展提供全面有效的支撑

鉴于管理手段发展的滞后以及管理效能的低下，在大规模学生管理的新形势下，高校学生管理涵盖的范围无法全面而深入地涉及到每个学生学习、生活和发展等诸多关键层面，即使涉及也浮于表面，“管而不理，行政化现象严重、管理及其内容缺乏服务性和发展性”，已经成为当下影响高校管理水平提升的重要问题。

（四）管理制度与管理实践缺乏必要的相适应性且在制度和体系层面存在缺陷

高校的学生管理工作需要建立在必要的管理制度和规范上，但是很多管理制度的制定与实施存在与现实发展不相适应甚至是脱节的现象，更没有规定管理所应明确的必要界限。诸如在一些宿舍管理制度上，缺乏完善安全保障机制，对学生生活限制过多；而在学生档案管理工作实施中，并不具备健全的档案质量管理制度和分析利用机制，难以达到对学生在校信息的合理化记录以及信息安全的充分保护，更无法实现对信息充分的解构和整合，无法对学生发展趋向和教育实施思路进行多维分析，从而制约了高校学生管理及其整体发展质量的提升。

二、互联网背景下学生管理的主要特点、实施价值和发展问题

（一）主要特点和实施价值

互联网背景下的高校学生管理与传统基态下的管理组织架构、管理实施理念与思路以及管理、服务的发展模式等具有很大的不同，无论是在技术层面、管理层面还是被管理者的心理及行为发展层面等都会具有与以往不同的实施特点。总的来说，其发展特点和实施价值主要包含以下三个方面。

（1）互联网背景下的学生管理逐渐从行政化，被动而机械的管理开始朝着学生主动化、管理服务化、学生群体个性化、管理内容与手段适应创新化的方向发展，大大提升了管理的效率与效能，带来了高校学生管理实质性的现代化发展与提升。

（2）互联网背景下的学生管理开始呈现无边界的发展态势，其通过网络技术渗入各个移动终端，可以实现对每个学生在校生活、学习、发展各个层面灵活差异化的管理与服务，能够带来管理对学生的充分自主授权，并有效基于技术的支撑与多维管控模式的实施达到学生与高校教育管理者之间的实时沟通、合理承诺、相互信任、个性化支援与服务等。不仅合理化了管理发展的内容、科学化了管理实施的手段、精简化了管理维护的成本，更提升了管理的可控性以及服务的价值性。

（3）互联网背景下的学生管理能够逐步实现对学生信息与管理信息的精准传达与录入，并能够对学生动态的精准掌握以及管理数据的高效及系统分类、整合、分析与利用，从而全面实现对学生动态实时、“精细化”的管理与服务，极大地避免管理的盲目性和滞后性，降低了人工管理的失误，让辅导员等管理者从庞杂而细化的管理实务中解脱出来，更多地去关注学生发展的现状与实际、管理的理念与思路创新等关键性内容，从而给予高校学生管理发展与提升更多层面的支撑。

（二）发展问题

互联网背景下高校学生管理所出现的新问题主要体现在以下两个方面：

（1）互联网管理是一个集合了技术、理念、内容、制度、流程、管理等各个层面的一体化过程，避免单纯流于技术层面，只在硬件的配置与铺设以及软件的盲目安装使用上下功夫，从而带来互联网管理的形式主义化以及管理成本不降反升的不良局面。

（2）高校的互联网学生管理应当服从并服务于高校教育事业及学生的质量性发展，避免为了实行标准化、系统化、高效化的管理而限制学生的个性化提升，更不能利用互联网技术侵害学生的隐私与自尊，甚至阻碍教育工作的合理化开展。因此，需要结合开放、包容、科学、人性的互联网学生管理文化，带来互联网管理更加健康、和谐的实施与发展。

三、互联网背景下高校学生管理创新的实施策略和组织流程

（一）利用互联网达到管理者和学生之间“方”与“圆”的有机统一

高校学生管理除了不断注重“方”这一管理规范和行为准则的细化实施，还应关注辅导员、班主任教师与学生之间的情感及需求的沟通的“圆”的达成。利用互联网技术，构建以专业、班级为单位的信息管理平台，不仅能够实现辅导员、班主任基于学生的管理规范、准则与要求达到对学生的实时、合理化约束与引导，还能建立辅导员、班主任、宿管员等管理者与学生之间、学生与学生之间平等化的交流平台，实现多维度情感、经历、认知、需求与建议的实时共享，从而畅通管理的实施流程，达到管理与服务、心理与行为、生活与发展、实践与创新的有机融合和共同发展。

（二）通过互联网助力多层面管理模式的实施，带来管理的精准化与人性化

鉴于当前我国高校学生管理规模的日益提高，通过互联网管理平台的分布化构建，一方面，可以利用软件、移动终端与管理平台的有机互联，达到对学生行为状态、情感状态以及发展趋向的动态跟踪，为学生提供针对化的约束、引导、资源辅助和精准服务给予必要的支撑。另一方面，可以根据学院、专业、班级的不同发展实际，建立多个管理层级及多个管理方向，将管理的权限授予学生会干部、班级干部甚至是学生个人，并通过学院及专业的整合与评价、班级的细化执行与监督、学生的自我提升与反馈，确保管理事项的高效完成与有效维持，达到管理更加人性化、精准化和动态化。例如，通过数字化管理 App

的安装使用，不仅可以高效化学生的日常考勤、请假审批流程，还能够实时更新学生的通信信息和资质档案，并利用微聊模式等帮助班级进行个性化管理，确保信息的有效交互和实时更新。通过优学院等学习平台 App 的使用，学生可以在网络平台进行自主学习，教师也可以在线上答疑和监控。

（三）结合互联网技术带来信息化管理和大数据管理的现代化提升

高校的学生管理工作会涉及基数庞大且不断增加和变化的学生信息与数据。传统的学生档案管理、信息整合不仅耗时耗力，而且信息的准确性、完整性、质量性及安全性难以保证，无法全面支撑起高校学生管理与发展规划的高水平实施。而利用互联网等信息技术手段，不仅能够达到对学生信息的实时、动态存储，还能够大范围拓宽存储的形式，并提升各个存储阶段和存储形式的兼容性和可利用性，避免存储数据的重复、遗漏等不良的失误。通过互联网云端技术，大大扩充了信息存储的体量，通过安全密匙、用户身份验证等技术手段，在确保数据安全的情形下，达到数据有效分享、充分查询与使用的目的。

互联网等信息技术为高校的管理工作提供了新的发展思路与创新化的发展模式，但也需结合制度的适应性完善与优化、流程的信息化再造与更新、管理队伍信息素养的强化与提升、管理环境的和谐化与开放化创设等手段为互联网背景下高校学生管理工作的高效、高质开展奠定坚实的基础，从而更加快速地实现高校教育事业与管理事业的现代化、信息化和智能化的提升。

第二节　“互联网 +”时代国际学生管理

随着“互联网 +”时代的到来，如何将国际学生管理与互联网技术深度结合，提高管理效率和服务质量成了现今高校面临的实际问题。本节以北京语言大学为例，介绍了国际学生管理模式及现状，探究如何利用互联网建立高效、优化的国际学生管理模式。

目前，国内留学生的教育遇到了前所未有的发展机遇。在“互联网 +”时代如何抓住机遇，通过信息化手段，将互联网与国际学生管理进行深度融合来提升服务质量，获取更多的国际学生资源是一个我们应该不断探索的问题。

一、国际学生管理的管理模式及现状

高校国际学生管理工作主要包括入学前的招生宣传、入学后的教学组织、行政管理和后勤服务等四大方面，与校内多个部门都有密切联系。目前，国内高校现行的国际学生管理模式主要有内部职能型管理模式和日渐流行起来的趋同化管理模式。内部职能型管理模式一般是在二级行政部门“国际交流与合作处”下设或平行设置“国际学生办公室”对留学生招生和日常事务进行管理，独立设置二级教学机构对教学与日常事务进行管理。根据学生是否要在中国取得学位的标准，将来华留学生分为“学历生”和“非学历生”两大类，在此分类的基础上进行针对性的管理。内部职能型管理模式存在的问题是各部门相对独立。作为学校的二级行政部门或者二级教学机构，在对国际学生的教学和日程管理规定清晰，但对国际学生教育发展工作的规划和协调比较薄弱，导致信息交流不通畅，学校资源浪费，学生动态无法把控。

趋同化管理模式是世界各国招收培养国际学生的一种通用管理模式，主要针对学历生的管理。在我国就是按照中国本科生的培养模式，对外国学生进行管理。“趋同管理”的意思就是中外学生一视同仁，对留学生不歧视也没有特殊待遇。通过中外学生同堂上课，共同生活，加上教师们的关心指导，使中外学生共处于一个和谐友好的校园之中，这是“趋同化管理”的主要目标。由于趋同化管理模式的建立，国际学生的管理机构也发生了相应的变化，以前作为国际学生管理部门的国际合作与交流处，现在只承担国际学生的招生工作，而学生处和教务处成为中外学生日常事务和教学的管理机构。由于中国学生的管理模式相对成熟，这样的变化应该是有利于学生管理工作的。不过，由于国际学生教育水平、生源地经济文化以及学生个性特点的差异，往往达不到“趋同化管理”的要求，使管理效果不能完全展现出来。

北京语言大学目前的管理模式是分层次的管理，职能型和趋同化并存。对于以学习汉语为主的学生采取的是职能型管理模式，对于有一定汉语基础在本科生学院上课的本科生、研究生采取的是趋同化管理模式。涉及的管理部门包括国际合作交流处、国际学生工作办公室、国际学生学院、财务处、教务处、后勤服务集团、保卫处等。对于以招收国际学生为主的国际型大学，这种模式是扩大国际学生规模，加强国际学生教学质量建设，探索“趋同化管理”改革较好的选择。但由于学生数量多，管理分配不够详细，规章制度不够完善，管理上也存在诸多问题。负责的部门多，同时与两个部门相联系的工作，可能出现没人管的现象。同时，涉及多个部门的事情，级别相同，协调的难度也增大了。

二、“互联网 +”时代国际学生管理模式探究

“互联网 +”时代的特点是体验、信息、知识等均可共享。在这个时代，高校管理人员要用互联网思维去考虑和探究，利用信息化手段对高校业务流程进行梳理和再造，达到信息共享、互通，流程清晰、明了，以实现高效、高质的管理模式。

（一）信息化手段提高管理效率

1. 通过数字校园整合国际学生管理系统

各高校对留学生的管理，习惯性地将国际学生分为学历生和非学历生，学历生还可以进一步细分为预科生、进修生、本科生和研究生等。由于管理模式不同，使用的系统也不相同，这对数据的互通和统计都极为不便。

就北京语言大学而言，存在的国际学生管理系统包括国际学生招生系统、迎新系统、

国际学生管理系统、非学历生教务管理系统、预科生教务管理系统、进修生教务管理系统、学历生教务管理系统以及与中国学生同堂上课的教务管理系统。为了避免管理人员不断登录不同的系统，我们通过数字校园的统一身份认证，对系统进行整合，方便管理人员同时使用多个系统。

2. 利用数据中心再造留学生教学及管理流程

对于有一定语言基础的国际学生既可以在国际教育学院选课，也可以在中国学生学院选课。由于中外学生管理模式不同，真正将中外学生教务系统完全整合的高校几乎没有，结果是一年的学习结束之后，学生无法获取自己各科学习总成绩。对于一个对中国学校管理模式不完全清楚，语言还有一定障碍的国际学生来讲，到各个学院去整合自己的成绩，这对他们来说无疑是一件非常困难的事情。在信息化高速发展的时代，我们可以通过接口将数据整合到数据中心共享库中，然后通过简单的程序将处理过的数据展示到数字校园的学生信息中，以方便学生查找打印，也方便管理教师了解学生的实际学习情况。对之前复杂的管理流程进行重新改造，使其变得异常简单。

3. 强大的数据分析平台为领导决策做支撑

数据整合之后，可以将在校及离校学生进行多维度的统计，包括人数、性别、生源地、学习成绩等，形成良性的数据生态环境，启发和推动数据综合利用，为领导的进一步规划及决策做支撑。

（二）信息化手段提升服务质量

用信息化手段改造国际学生日常管理的服务体系以提升服务质量，可以从以下三个方面着手：

（1）对于在校生，我们可以将人工操作打印成绩单、打印在读证明等工作，启用自助打印系统来完成，简化中英文成绩证明和在读证明业务办理的流程，既可以提高效率，节省流程节点，还能节省人力、提高办事效率，达到良好的体验。

（2）通过“一张表”工程对学生进行全生命周期的管理，将学生在校生活的所有数据信息整合到一张表，既方便学生了解自己的生活过程，包括学籍信息、教务信息等，也方便教师对学生学习、生活进行全面了解。

（3）对于离校的学生，实现网络自助打印学习证明等材料，学生通过在校时的学籍信息进行身份验证之后打印所需的证明材料。证明材料上给出验证码，系统提供验证证明真实性的功能，使用证明材料的单位，可以在系统中通过验证码查验真伪，这样极大地方便了在国外的校友。

（三）信息化手段解决管理问题

高校学生管理工作离不开对数据的收集、处理和传播，而学校面对的是一个庞大的管理群体，所产生的数据也是及其庞大的。基层进行数据的整理是一项繁重且容易出错的人工工作，即使如此，学校还是花费大量时间和人力去做大量的人工统计工作。基层再将数据一层一层地向上传达和汇总，其过程也需要花费大量时间，难以保证上级最终所获取的数据的完整性、及时性和准确性。数据库的应用可以有效地解决这个问题，将数据按照学校的管理要求以各种形式表现出来，数据信息的分析也只需很短的时间即能完成。在集中式模式下，管理系统集中安装在一台服务器上，每个系统的用户通过广域网登录使用系统，实现共同操作同一套系统，使用和共享同一套数据库。管理的集中化节约了大量的时间和人力，也保证了数据处理的完整性、及时性和准确性，从而实现了学校的全面管理。

“互联网 +”浪潮的奔涌而来，颠覆了我们工作和生活的很多方面，“互联网 + 高校”也成为当今社会关注的热点。将“互联网 +”与国际学生教育管理工作方针“扩大规模、提高层次、保证质量、规范管理”进行深度融合，必将构建出开放生态下的国际学生管理新模式。

第三节 “互联网 +”时代师资管理

“互联网 +”给教师的管理带来了五大变革：让教师从“知识的传授者”到“学习的指导者”和“价值的引领者”，从“分数统计员”到“数据分析师”，从讲“专业忠诚度”到“学科跨界”，从高度集中的“金字塔模式”到“自组织模式”，从“专题式的集中学习”到“碎片化学习”。学校唯有重视管理上的变革，教师才能够真正的发展起来。

这是一个网络无处不在的时代，如果有一天单位电源因故跳闸，电脑、网络一律停止工作，人们一下子会变得目瞪口呆、手足无措，接着就是焦躁不安，所以，这是一个无法离开网络的时代。

互联网给我们的社会带来了一系列的变革，我们已经进入了一个“互联网 +”时代，形成了一系列新形态和新事物。如“互联网”+“游戏”就变成了“网游”；“互联网”+“购物”就变成了“网购”；“互联网”+“电视”就变成了“智能电视”；“互联网”+“医疗”就变成了“互联网医院”。当互联网遇上“学校”就成为“云学校”。

互联网对学校的影响是全面而深刻的，其影响首先是技术层面的，但最值得关注的是思想层面及管理层面的。就教师管理层面看，“互联网 +”时代起码有以下几个方面的变化。

一、从“知识的传授者”到“学习的指导者”和“价值的引领者”

传统教育是以讲为主的教学，教师主宰着整个教学过程，学生学什么、学多少、什么时间学、怎样学，都由教师控制。教师成为“知识的传授者”。随着“互联网 +”时代的到来，MOOC 这样一种新的学习形式受到人们关注。MOOC 学习是在课前先让学生观看简单的教学视频，接着按要求完成作业，再由计算机进行评价。同样一个学习视频，可以让成千上万的学生同时在线学习。一些 MOOC 平台，可以邀请全国一流教师来授课。这是常规学校难以做到的。这样看来，MOOC 时代学校教师的作用似乎减弱了，但其实并非如此。互联网再怎么发展，VR（虚拟现实）技术再怎么真实，也无法替代真实的课堂教学。

MOOC 时代为学生提供了丰富、有魅力的授课教师，学生的知识学习将主要通过在线方式进行。在这样的背景下，学校教学及教师的教学方式将发生变化，教师主要采用个性化的面对面方式进行，教师更专注于学习方案的设计及学生讨论的组织。面对面的教学，教师的言传身教，让其人格魅力对学生的影响更为深远。

MOOC 时代，教师需要的不再只是教授能力，更需要教师与学生之间的沟通能力。教师成为能打开学生心扉的知心朋友，学生发展的引领者。

与传统教育相比，在 MOOC 时代教师的意义不是减弱，而是增强。教师更像教师，教师成为“学习的指导者”及“价值的引领者”。

二、从“分数统计员”到“数据分析师”

以往的教学，教师批阅完作业就会给学生一个成绩。批阅完试卷，就会统计试卷上各小题的分数，接着给学生打一个总分，最后把试卷发给学生，让学生依据分数自己去分析反思。教师很多时候只是扮演一个“分数统计员”的角色。“互联网 +”时代教师角色将发生变化，赋予其新的内涵。

“互联网 +”时代一个重要技术支持就是“云计算”。云计算给教育带来的变化主要体现在大数据、即时反馈、个性化学习及学习预测等方面，从而更方便教师进行学习分析。

互联网技术迅猛发展，学习资源越来越丰富，服务功能越来越强大，为学生的学习提供越来越多的便利。在学生进行学习的同时，利用网络技术对学生的学习行为进行跟踪，计算机通过这些信息的分析轻松得出关于学生学习特点、爱好及学习行为等方面的评价。教师在此基础上分析和提出关于学生的个性化学习建议，尽早发现学生学习中的问题，制订和实施解决问题方案。这种学习分析，对教师提出了更高的要求。他们不仅需要教书、要给学生判分及结分，也应该是一名“数据分析师”，在教学的同时，能把学生在学习过程中呈现出来的各种数据、量表等进行比较、分析，对学生进一步学习提出决策及建议。有人认为，未来 10 年最“性感”的工作是数据分析师。

三、从讲“专业忠诚度”到“学科跨界”

以往在讲能力发展时，更多的是讲专业的稳定性，讲专业的“忠诚度”。“互联网 +”时代，人们有了更多发展空间及发展机会，更多的人在“跨界”发展，并有了丰富的成功案例。

跨界，是整合与融合，是从某一属性的事物进入另一属性的运作。进入“互联网 +”时代，跨界更加明显与广泛，也更显优势。各行业不断融合渗透，创造出了很多的形态。

教师发展也需要这样的跨界，需要这样的整合，才能够适应未来人才培养的需求。

2007 年的美国年度教师颁给了音乐教师安德烈娅·彼得森。彼得森初出茅庐，凭着自己的热情努力说服校长，和她一起制订一项为期 5 年的“K-12 音乐教育成长计划”。为了提高音乐学科的地位，让音乐课从边缘走向主流，彼得森开发了跨学科的音乐教学法，将音乐课与其他科目结合起来，她的教学方式获得了学生及家长的好评。“跨界”让彼得森成了美国年度教师。

教学跨界，可以扩大教研组活动的形式及范围。如在教研组的听评课活动中，可以邀请不同学科教学骨干听课与评课，不同学科的教师关注的角度及问题是不同的，这样可以让听评课活动变得立体，将问题讨论引向深入。跨界，不仅仅局限在学校系统，我们也可以把视角延伸到校外，延伸到更广阔的企业及社会。我们可以让教师参观不同的单位，参与政府或企业组织的培训。

教师跨界，需要教师以跨越自身学科、专业界限的知识及思维，多视角、多层面审视问题、解决问题，用大视野、超视距的眼光提出事物未来发展方向的一种思考方式。跨界，必须要拆除思想的藩篱、打破专业、学科界限，以跨学科、无边界的思维思考问题。

四、从高度集中的“金字塔模式”到“自组织模式”

传统的教师组织管理是具有行政色彩的“金字塔模式”，其顶端是学校领导层，逐级往下，教师处在金字塔的最底层。这样的组织结构其优点是稳定，但问题是组织容易僵化，做事效率低，自身难以发现问题，也难以激发教师的积极性。“互联网 +”时代，教师的组织架构在悄然发生变化。

“互联网 +”时代也会产生诸多教师的“自组织”群体，如微信圈、QQ 群、微博互粉等，这些“自组织”按照教师不同的性格、生活爱好自动组合。“自组织”是一个学习平台，这个平台具有着很强的黏着力，可以增加教师团队合作意识，在合作中共同体会成功的喜悦。“自组织”平台也是一个多方共赢的生态圈，大家在这样的生态圈中相互增值，体验成功的快乐。

五、从“专题式的集中学习”到“碎片化学习”

谈到教师发展及教师培训，我们习惯性想到专题式、集中式学习，这样的学习或者培训当然重要。但如果教师学习只依靠这样的形式，那我们将会失去很多机会。因为“互联网 +”时代的教师生活发生了很大的变化。我们的生活处在一个随时被中断的时代，我们需要在一个时间段内进行多任务切换。2004 年，美国加州大学欧文分校信息学学院的格洛里亚·马克教授带着她的研究生对美国的两个科技公司的员工进行了 1000 小时的观察。观察发现，办公室里的员工平均每 11 分钟就会被电话、电子邮件或同事打扰一次。人们的工作不时被中断，随时需要切换，时间长了我们慢慢地适应了这样的“中断”及“切换”。在人们应付多任务能力增强的同时，人们思维的深刻性在降低。人们习惯于完成一些短平快、“肥皂剧”式的工作，而难以完成宏大的史诗般的“大片”式的任务。这就是互联网给社会带来的变化——生活的“碎片化”。碎片，就是把原来整块的东西破成了诸多小片。

以往谈到教师培训、教师学习，人们首先想到的是集中培训和专题学习。但对教师观念影响比较大的，恰恰是日常生活中他们与家人、学生、同事之间的交流；各种媒体发布的信息；随时随地可以阅读的各类电子设备中的图文内容。教师在这些非正式场合所得到的信息要远多于正式场合所得到的，这些活动时间占据教师整个获得信息时间的80%以上，因而非正式场合对教师教学观念的影响更大。所以，教研组学习可以把学习内容或者学习时间进行分割，采用正式学习与非正式学习相结合的方式进行，在正式场合提出学习主题及学习要求，把讨论与交流放在各种非正式场合，让教师利用碎片时间进行学习。如在适当时间利用校园网平台，或者手机微信、QQ、手机校园App等平台推出短小典型的案例让教师进行讨论，或者推送简短的教师学习体会让教师相互学习。现在很多学校都推出了官方微博，推出了学校微信号，利用这些平台及时向教师及社会发布信息，教师利用零碎时间学习讨论，也相互分享这些信息。

在“互联网+”时代教育变革首先是思想上、观念上的变革，进而带来管理上的变革，思想的变革要远远超于技术的影响，学校只有重视这些管理上的变革，教师才能够真正发展起来。

第四节　“互联网+”时代党团管理

随着时代的发展，互联网及新媒体逐渐代替了传统媒介，成了思想文化传播的新工具，同时也给高校党团共建工作带来了新的发展机遇。如何使用互联网加强高校党团共建工作，推进党团共建工作的现代化，是现今相关部门应提高重视的重要工作。本节就“互联网+”模式下高校党团共建的强化做出相应的分析。

随着新媒体的不断发展，青少年所受的影响也越来越深。传统的党团工作方式已经越来越满足不了当今时代的需求。高校作为宣传马克思主义的重要阵地，也是我党及我团培育人才的重要场所。而互联网及新媒体作为传播思想文化信息的新载体，是现今社会舆论传播的主要方式。因此，高校应把握好“互联网+”的发展特性，创造全新的教学模式，加强高校党团队伍的建设，不仅是时代发展的必然趋势，同时也是贯彻党的十八大精神的体现。

一、“互联网 +”模式下高校党团共建的现状

（一）互联网创造了新型的高校党团共建平台

当前，大学生成为我国网民的主体。网络也是大学生获得信息、相互交流的主要方式。网络因具有互动性、即时性强等特点受到广大学生的喜爱。而在网络没有普及的年代，报刊、广播、电视等是高校宣传党团共建的主要方式，这类媒介的传播规模小，也不能将党的最新动向及思想传递下去投入相应的党团建设中。而现今互联网的飞速发展，也使“党团共建”工作进入一个全新的阶段。通过 QQ、微信、微博等新媒体平台，可以利用图文方式发布党的最新方针及相应的政策、国内相应的热点新闻、党团信息及相应的活动，对高校党团的思想政治教育进行相关的指导。

（二）互联网提高了高校“党团共建”的科学性

互联网具有传播速度快、范围广的特点，高校的党团建设任务可以利用互联网平台快速地将相关的党务传递给每一位团员及党员，从而增强信息传递的及时性。这是传统媒体传播所不能够达到的。运用互联网也能将党团的最新动态有效地进行传达，如通过相关的网络技术，以信息网络为载体，运用办公自动化系统进行相关的党务建设工作、信息收集及处理、学习教育、评价、经验交流、管理模式等。通过互联网不仅可以有效地改善传统党建模式的弊端，加快相关党务的建设工作，创造全新的管理模式，也能够有效地提高现代化高校党团建设工作的科学性及相应的信息管理水平。

二、互联网模式下高校党团共建的困境

（一）党团共建人员对互联网平台缺乏相应的重视

由于受到传统思想教育模式的影响，高校党团工作人员对于运用互联网平台进行相关的党务建设缺乏相应的重视。对于“互联网 + 党团共建”的认识不足，不能有效地理解其中存在的意义，从而影响了相关的党务建设工作。

（二）党团运用互联网进行建设的影响力不足

互联网的发展不仅扩大了人们的知识范围，也丰富了人们的日常生活。但是由于互联网所传播的信息繁杂，对于利用互联网建设党团的影响力要比其他的信息建设小，部分思想教育工作者的覆盖面不够，同时对于党性及相关的理念等掌握得不够深刻。

三、现阶段加强高校“党团共建”的有关措施

（一）加强党团工作人员的互联网思想建设

随着网络信息的不断发展与壮大，互联网已经成为现今大众文化传播的主要方式。在

互联网环境的影响下，高校党团的建设人员不仅要熟悉党团共建的相关流程，还应熟练地运用新媒体传播方法。运用互联网进行相关党务的建设工作、开展相应的活动、提取有用的信息、进行相关的交流工作、学习最新党的思想等。组建一支技术性强的队伍来加强参与党团建设人员的技术，培养有用的人才。

（二）营造良好的高校文化传播氛围

高校应充分发挥互联网的教育功能，组织多样化的社会正能量传播活动。运用新媒体平台传播信息快、范围广的优势，将党的最新方针与理念运用校园文化进行传播，帮助学生树立正确的思想导向，以学生喜爱的方式不断地将党团建设融入校园生活中。同时运用社会主义核心价值观引导校园文化的相关建设，使学生及教师在众多的网络信息中，辨识正确有用的信息，抵制不良信息，从而使互联网能够真正地为党团建设所用。

（三）完善高校中互联网站点及相关的建设工作

在不断完善的“党团共建”互联网体系中，不仅要加强相关体系的建设工作，同时还应制定相关的补救措施，建立完善的舆论预警措施，规范相应的管理制度，从而有效地处理突发问题。

综上所述，互联网及新媒体的发展与高校党团建设工作的结合运用，是随着时代不断发展呈现的全新局面。虽然互联网给高校思想政治教育工作带来了一定的影响，但是由于互联网信息量大、传播速度快、覆盖面广等特点，高校党务工作者应对互联网平台进行正确的利用，把握好时机在党团建设工作中，积极地采用全新的方法，充分发挥“互联网＋党团建设”的相关优势，不断地为我国党团建设创造全新的局面，从而使高校的思想政治教育工作得到有效的落实。

第五节　“互联网＋”时代社团管理

“互联网＋”时代的到来为社会各个领域带来了新的机遇和挑战，互联网技术被应用于高校学生社团管理中，结合互联网优势可有效提高高校学生的社团管理水平，但存在一些待解决的问题，因此探讨“互联网＋”时代下高校学生社团管理的有效对策尤为重要。

“互联网＋”是一种新的经济形态，为高校人才培养提供了更多方向，对培养大学生的创新能力具有重要意义。“互联网＋”时代下培养具有创新、创业能力的人才，是当今高校的重点育人目标，学生社团管理模式在互联网环境下创新改革，以顺应社会时代发展需求。分析“互联网＋”时代对于学生社团管理模式带来的影响，积极解决遇到的问题，从而培养更适应当今社会发展的创新型人才。

一、"互联网 +"时代下高校学生社团的主要特点

高校组织的学生社团能够打破年级、系科界限，将爱好相近的学生聚集在一起，有利于突出学生特长。高校学生社团是文化建设的重要组织机构，内容丰富多样，具有特殊性，能够开发学生更多的潜力。

（一）时代性与传承性特点

高校社团的建立以校园文化为核心，各种元素相互碰撞能够激发学生更多潜力，由于受到社会因素、国家政策的干预，校园社团建设体现出了很强的时代性。为了顺应时代发展，让大学生快速融入社会，高校社团活动应该向多元化方向发展，这是时代发展的必然结果。此外，高校社团活动不应该仅局限在校内，还可以扩展至校外，让大学生更多地接触社会活动，不断提高学生的实践能力，让学生在实践过程中不断创新思想，为社团带来更多新鲜的元素。随着"互联网 +"时代的到来，高校社团通过网络技术拉近各个成员之间的关系，促进社团活动的有效开展，突出社团的时代性特点。社团建设围绕校园文化展开，每个成员都对高校文化进行有效传承，在社团活动开展中传递校园文化，体现了高校社团的传承性特点。

（二）教育性与文娱性特点

高校建立社团的目的主要是丰富学生的课余生活，将兴趣相投的学生组织在一起，相互讨论、学习更多有趣的知识。结合互联网促进社团成员之间的交流，让学生分享自己的兴趣爱好，丰富知识、技能，每个成员都可以为社团提供新的活动建议。为了提高学生活动参与的积极性，可组织一些娱乐性互动，发挥社团的文娱性特点。社团以发挥队员自身价值为主，组织一些合理、科学的活动，提高学生凝聚力和对团队合作的体验，具有育人的特点。

（三）个性化与大众化特点

高校社团建设门槛不高，很多社团都是在学校教师的引导下自发形成的，社团活动内容没有过多限制，社团整体建设向大众化方向发展。大学生根据自身兴趣参加相应的社团，帮助学生提高兴趣，提升综合能力，学生通过社团活动能够更好地了解自身整体情况，进而在职业规划中融入社团文化，充分发挥个性和优势。高校社团活动对成员没有过多限制、要求，社团成员通常由感兴趣的学员组成，体现了高校社团建设的包容性——包容性能够促进学生个体个性化发展。

二、"互联网 +"时代一些高校学生社团管理现状

高校社团对于大学生自身能力的影响非常深远，为大学生提供业余爱好的施展空间，帮助大学生个人兴趣培养，促进大学生综合能力的提高。然而，由于一些高校学生社团自

身具有自发性、松散性特征，导致社团合理化管理困难。本节分析了“互联网 +”时代高校学生社团管理现状，为良好的社团管理提供了改革方向。

（一）对学生社团管理不重视

高校管理工作往往会将重点放在教学管理上，而忽视学生社团管理。学校的不重视，会影响学生参加社团的态度，不利于规范社团成员行为。学生在社团中的发展没有受到有力约束，也没有重视互联网在社团建设管理中的作用，随学生兴趣开设相应活动，活动效果并不显著。

（二）学生社团文化功能承载力不强

高校将互联网应用于学生社团管理，网络成为社团成员文化功能承载的重要平台。高校可利用微博、微信、QQ 群等宣传社团活动思想，增进社团成员之间的交流。碎片式的社团文化思想传播，难以有效实现社团文化的承载力，不利于学生学习成长及对高校文化精神的传达。高校社团发展理论与现实之间存在一定差距，简单的互联网社团管理模式难以充分发挥互联网优势功能，高校学生社团需要进一步提升“互联网 +”管理形式，提高学生社团文化功能承载力。

（三）学生社团管理组织制度不健全

高校虽然设有专门管理学生社团的部门，但就现状而言学生社团管理并没有达到预想的效果，由于社团组织制度管理不明确，存在多层级结构管理的复杂性，影响了学生社团管理质量的提升。学生社团管理通常采用一致的方法，而忽略社团的独特性，不同类型的社团没有针对性的管理方式，很难达到管理效果。社团管理过于严谨或过于松散，都不利于学生个体的发展，难以调动社团管理者及成员的积极性和参与度。高校对于学生社团组织活动没有正确、清晰的方向引导，从而导致大学生没有社团组织观念，在“互联网 +”背景下很难找到有效的社团管理制度，限制了大学生社团管理的个性化和制度化发展。

（四）学生社团管理活动经费保障不足

影响我国高校学生社团管理的主要原因是活动经费不足，由于活动经费有限，导致学生社团的开展没有资金保障，影响社团管理水平的提高。国外高校为学生创建了各种实体，能够提供良好的社团管理条件，社团活动是不依赖行政拨款的自主活动。但我国高校社团活动经费十分有限，主要来源于学校给予和企业活动赞助的资金，活动经费不够稳定，从而难以满足学生社团活动建设改革需求。此外，一些高校对互联网的了解不足，没有建立起利用互联网资源实现社团管理活动经费扩充的渠道，还需要进一步探讨有效的方式，结合互联网模式拓宽活动经费来源。

三、“互联网 +”时代高校学生社团管理的对策

为了顺应时代发展，高校应该结合互联网更好地进行社团管理，丰富学生的课余生活，

拓宽教育渠道。提升高校学生社团管理水平、创新管理模式，是“互联网 +”时代下高校学生社团管理的重要思路。

（一）建立以学生为本的“价值认同”及“品牌化”的创新思维

高校传统教学模式以学生价值教育为主，而“互联网 +”时代的教育思维为分享和互动，需要在传统价值教育基础上融入互联网思维，促进学生社团管理模式优化升级。价值教育不仅包括学生的理论知识，还包括价值行为实践、情感认同等。高校应激发学生积极的价值态度，保证学生抱着良好的心态参加社团，以促进学生自身优势发挥。在互联网成为学生社团管理载体时，高校应该积极向学生传达互联网在社团管理中发挥的积极意义，站在大学生角度充分考虑其主体意识、参与意识。以学生为本开设社团活动，让学生展示自我特长，坚持“互联网 +”时代下的“价值认同”思维。

除此之外，“互联网 +”时代发展的重要特征是创新思维，高校是创新改革的重要场所，为了培养更全面的人才，学生社团管理需要重视创新形式。只有突出社团活动的独特性，才能保证社团文化的有效表达，提升社团活动价值。因此，树立高校学生社团管理的“品牌化”创新思维非常重要，增强社团凝聚力，维护社团长期良好的发展。

（二）高校学生社团管理遵循整合思维

在“互联网 +”时代，高校学生社团管理模式应遵循整合思维，对各类型社团进行科学、合理的整合，提高社团管理质量。高校学生社团管理需要通过精细分类实现思维整合，规范思想，针对拥有不同兴趣的学生积极采取有效的社团管理。基于“互联网 +”模式，对不同类型的社团进行有效整合，提高社团资源利用率，保证社团之间能够有效沟通、联合，真正帮助学生拓展社团活动深度。将娱乐、专业、学术、实践等不同类型的社团进行科学整合，结合实际情况为学生提供更加有利的活动环境，利用自媒体平台充分利用社团资源，拓宽活动的表达方式。

（三）高校学生社团管理坚持“生本”原则

“生本”原则可以引导高校大学生建立良好的价值观念，实现“互联网 +”模式在社团管理中的优化应用，改革以往的学生社团管理模式。只有引导大学生形成正确的价值观，才能够培养更优秀的人才，提升大学生的整体素养，高校学生社团管理需要不断帮助学生确立理性的价值认同。高校学生社团建设要坚持“生本”原则，重视与学生的深入交流，提高学生的综合素养，完善学生人格的同时为其发展提供更优的环境，激发学生的主体意识，更好地利用“互联网 +”优势发展。不断完善高校社团管理方式，发挥学生优势，坚定立场，优化社团原本扁平的管理机制，提升高校社团管理质量。

（四）高校学生社团坚持互联网管理模式

在“互联网 +”时代下，应该利用各种多媒体平台实现高校学生社团的优化管理。为了促进师生之间的关系，可以利用微信群、QQ 群等对社团活动进行宣传，进行更多的交流，提升社团活动的执行质量。高校学生社团管理人员应该积极引导学生，规范交流内容等，保证每一位社团成员都能在网络群组中有效发言，避免刷屏现象。针对社团活动进行积极讨论，社团管理者将活动内容上传到网上，宣传社团活动，提高社团活动的参与度。

综上，高校社团管理能够帮助大学生丰富课余生活各高校都十分重视社团管理发展情况，应积极探讨社团管理在“互联网 +”时代下的发展对策，以提高社团管理质量。互联网技术应用于高校社团管理会遇到很多问题，需要高校在实践中探寻更科学、合理的管理模式，以学生为主体，帮助学生提高兴趣技能。重视调整大学生的整体思维，以更好地适应互联网环境，提高社团活动的参与率，保证高校社团在“互联网 +”时代优化发展。

第六章 新媒体环境下高校教学管理理论研究

第一节 新媒体高校教学管理创新存在的问题

教学管理的创新问题已经成为各高校的共识，大家对创新的必要性进行了大量论述，并就如何创新也提出了一些建设性意见。然而在实际执行过程中，有许多问题阻碍着创新的进一步深入，使教学创新流于形式。解决问题的关键在于提出切实可行的对策，并一以贯之。

近些年来，随着高校扩招和教育改革的不断深入，我国高等教育已经由精英教育转向大众教育，教学管理的内容也日益复杂。为适应这一形势，广大教学管理人员应主动满足现代社会发展需要，尤其是高等教育发展需要，与时俱进，对管理理念、管理资源、管理手段等主动调整。管理创新的呼声日渐高涨。随着创新活动的逐步开展，暴露出许多设计和执行的问题，如何解决并进一步推动创新是当务之急。

一、当前高校教学管理创新存在的问题

对教学管理创新的支持力度不足。教学管理的重要性和必要性已经得到许多管理人员的认可。随着人才培养水平评估工作的深入开展，教学管理的规范性逐步得到重视和提高，各类规章制度日趋完善，必要的管理岗位和管理人员也得以设立与充实。但许多学校把工作的重点放在了教学创新和专业建设方面，对教学管理的创新缺乏理念的支持和引导，缺乏必要的要求和足够的重视，对教学管理创新的探索零星而散乱，难以对教学工作起到系统的支撑作用。实际上，各高校对教师的教学创新和改革支持力度要远远大于教学管理人员，客观上造成教学管理创新的滞后。

现实情况是，认识到教学管理中以人为本重要性的教师和管理者不少，但确立理念、上下贯彻的学校却很少。首先由校长牵头，在领导层统一思想，再进行自上而下的人本理念的推广和渗透，在日常言行和工作过程中，领导层尤其要注意以身作则。其次，在实际工作中进行工作模式的理念固化，使人本理念深入人心。例如，与奖励教学效果的奖教金一样，设立管理创新奖，重点奖励管理人员在工作中的创新之举，由教师和管理人员共同评选，对获奖人的做法进行全校宣传和经验介绍。同时，应加大对教学管理的关注力度，

从科研要求、管理效果等方面加强考核，加强对教师的考核力度，并从经费支持、政策倾向等方面向普通教师靠拢。最后，在教学服务、监督过程中要注重民主化，尊重学术的权威；充分尊重教师和学生意见，实行民主决策，提高决策的科学性和管理效能；充分发挥学校学术委员会、教学督导部门、教学指导委员会专家的作用，依靠专家、学者，使行政管理职能和学术管理职能进行有机融合。

评估工作的一个重要内容就是规范教学秩序，规范管理流程和手段。目前，规范的理念已深入人心，各项规章制度逐步设立，校方也更为重视教学管理部门的教学评估功能。但这并没有表明教学管理已走上规范的轨道。事实上，管理人员为了规范而整日忙碌于事务性工作，产生了大量部门之间的内耗性劳动，并未产生实际效益，对教学质量的提升也起不到有力的促进作用，造成人力资源的浪费。原先传统的工作方法和习惯仍具有较大惯性，尤其是在历史时间较长、老员工较多的院校中表现明显。因此，在这种强调规范却尚未完全完善的环境中创新，容易引起思想的混乱，混淆工作的主次，反而会在一定程度上阻碍创新思想的萌发。

高校教学管理本身日益复杂。主要表现如下：一是学生、教师数量急剧增加，管理宽度扩大；二是专业设置快速多变，传统管理方式逐步向跨学科管理转变；三是很多高校在合并过程中出现跨校区管理，导致教学管理难度和复杂程度增加、教学资源分散、校园文化建设难以统一等诸多新的问题；四是不少高校，尤其是高职院校的办学形式日益多样，学历教育层次较多，一套人马管理多类学生，面临的管理难度不小。以上种种因素都表明高校的教学管理创新已成必然。

二、对高校教学管理创新的几点思考

确立并落实以人为本的现代管理理念。现代管理理念认为，在管理的诸多因素中，人是最活跃的决定因素。以人为本的教学管理理念，就是把人的管理作为学校管理工作的重心，根据人的社会价值和人的心理活动规律，正确运用用人方略，创新教学管理模式和方法，使他们积极参与到学校教育教学改革和发展建设中去。过去，人们把教学管理工作单纯地理解为对学生、教师的行为管理，教学管理者居高临下，凭经验和权力意识指挥教学，这种重在“管”的管理模式造成的是一种呆板、僵化、服从的管理氛围，在教学管理与重大教学改革中教师没有发言权，其创造性和积极性被人为压制。如今大家普遍意识到，教学管理不仅要“管”好，还要“理”好，要以人为本，营造一个科学、严谨、民主、开放的人才培养与成长环境，充分肯定人的主体地位和自主价值，实现管理者和被管理者之间的和谐统一。

大家普遍认为，教学管理人员肩负管理的主要职责，创新的主要目的也是为了更好地服务教学，因此，创新是具体执行人员的使命，与教学和学生管理工作无关。事实上，教学本身是一项综合性工作，学校所有工作都与教学紧密相关，缺乏任何一方支持配合的管理创新都将成为无根之木，难以持久深入。当前，为了规范而设立的各类部门和职位，有利于将具体工作做精，却也容易滋生部门主义和山头作风，制造许多工作壁垒，使一些综合协调性的工作效率低下，得不偿失。

用弹性制度切中规范与创新的最佳结合点。长期以来，学校管理重视制度建设，对教学管理的规范和教学秩序的稳定起到了非常重要的作用，但是过于“刚性”的管理制度也会制约教师的个性发展，阻碍管理人员创新行为的产生。因此，要建立完善弹性教学管理制度，既增强教师的自主性，激活其内在的潜能，又充分发挥教学管理人员的创新智慧。“弹性教学管理制度”是指根据社会的最新变化和教学的需要，实施切合专业发展、课程教学的一系列具体的管理方法、措施和规范。这也是世界高等教育教学和教学管理改革的一个趋势。

弹性教学管理制度的建立可以从弹性学制入手，进一步完善学分制。学校根据质量要求确定各专业的学分数，学生可在教师引导的基础上按照自身水平，自行安排学习进度，提前毕业或延长学制；采取自由选课制，在修完专业核心课和专业基础课之后，学生自主选择感兴趣的课程，甚至允许学生跨校选课，通过各高校之间的学分认同，在充分满足学生个性要求的同时对所开设的课程优胜劣汰；设立奖励学分，对在学科竞赛、科学研究、科研发明、社会实践中表现优秀的学生，给予学分奖励，甚至可以在条件成熟的情况下设立学分银行，对学分进行统筹管理。通过学分制的不断完善，改变过去在培养目标上忽视个性特点的状况，以适应社会对高素质创新人才需求日益增长的趋势，实现人才培养模式的创新。

改革教学管理中统一制式化的做法，倡导多样化和个性化。长期以来，高校普遍存在教学计划一体化、教学过程同步化、教学方法单一化、教材使用一本化等问题。进入大众化教育阶段后，教师和学生本身要更加注重个性发展，要求高校实行“多层次、多规格、因材施教”的人才战略。因此，在专业课程设置、教学方法、学习方式及评价方式和教学管理方式上都必须突出多样性，给教师和学生更多的自主性。在目前流行的院系两级管理体制下，系里的教学管理自主权普遍较小，存在教务处“一家独大”的局面，在统一管理和加强监督的理念下遏制了教学系的积极性和创造性，这种现象在规模较小的本科院校和高职院校中较为普遍。因此，要转变工作观念，各负其责，即学校职能部门专注于创造良好的条件，为教学系的教学提供便利，教学系专注于改革和创新，紧盯招生和就业两个市场，让市场检验改革创新的成效。

将教师纳入教学管理创新的主体中来。工作专门化、精细化曾经是管理史上里程碑式的创举，大大提高了效率，为人类物质生产做出了巨大贡献。引申到高校管理中来，就容易得出管理人员是教学管理创新的唯一主体的结论，目前这种论调还存在于不少人的观念中。实际上，即使在管理学领域也提出了更为符合形势发展需要的工作扩大化的做法。教学管理人员与教师之间的界限需要淡化而不是强化，两者结合可以极大地互补。因此，将教师纳入教学管理创新中来刻不容缓。首先，教师应该为教学管理创新提供真实的数据和资料。教师既是教学管理的参与者，又是被服务者，对管理过程中存在的缺点和不足有深刻的认识。如同管理人员具有教学科研任务一样，教师也同样应该具备管理能力，并在考核指标体系中体现出来。其次，教师应该充分运用教学管理创新成果。教学的改革与创新离不开学生的参与和反馈，而教学管理部门恰恰在这方面具有优势，教学管理创新的主旨也在于为教学服务。在运用创新成果的基础上，将优缺点及时反馈，有利于教学管理创新的良性互动和可持续发展。

提高教学管理者的管理水平。教学管理的对象是人，以人为本管理理念的关键是教学管理者本身的素质与水平能力，而目前高校教学管理队伍相对教学队伍来说，教育教学管理理论知识贫乏，学历层次高低不均，每天大多忙于烦琐的日常教学管理事务，致使教学管理缺乏科学性和创造性。教学管理本身兼具行政管理与学术管理的双重属性，教学管理人员不仅要懂得一般管理经验，更要了解、研究教育理论和教学规律。因此，应从以下几个方面入手：加强对教学管理人员的培训，提高其管理水平，更重要的是更新教学管理理念，树立以人为本的管理理念，增强服务意识，为教师的才能发挥提供广阔的空间；致力于制定、实行公平的政策，创建持续性的公平竞争环境，建立能持续调整的弹性机制，以实现管理效能整体提高的目标；熟练掌握学校教学网络系统，以提高教学管理效率，建立现代化的教学信息服务系统，包括所有课程的教学内容信息、课程调度信息，学习要求和毕业资格信息等，以方便学生查询、选择、自主设计学习方式。

当然，单纯强调以人为本，会忽视管理应该遵循的客观规律，使管理失去客观性、公正性和规范性，造成管理的随意性和软弱性。高等教学管理应该是人文精神和科学精神的综合体，严格的科学管理制度与以人为本的管理理念两者相辅相成，才是理想的教育管理模式。

第二节　新媒体高校教学管理创新的必要性

高校教学管理是一项重要又复杂的工作。近年来，随着教育体制的不断深化发展，对高校教学管理进行创新已是必然趋势。本节以高校教学管理创新必要性为切入点，重点对高校教学管理创新的对策做出详细探究，从而保证高校教学管理迈上一个新台阶。

建设创新型国家是我国提出的新型战略方针，而如何实现，关键在于创新型人才的培养与储备。高校作为创新型人才培养的重要阵地，对创新型人才的培养成为高校教育教学管理的重中之重。

一、高校教学管理创新发展的必要性认识

随着教育体制不断地深化发展，培养创新型人才成为高校首要的教育工作。高校教学

管理的创新不仅是时代的发展需要，更是国家建设的需要。另外，受市场经济体制的影响，高校不断发展进步，必须进行教学管理的创新工作。新时期高校教学管理创新的必要性主要包含以下三方面内容。

（一）高等教育大众化发展的迫切需要

近些年来，我国各大高校每年招生规模都在不断扩大，我国高等教育从精英教育向大众化教育发展。因为招生规模不断扩大，高校面积不断扩张等因素，使原本简单的教学管理工作变得越来越复杂。但是，对于现阶段的高校教育来说，这是新时代发展的必然产物，也是社会不断进步的体现。为了使高校教育跟上时代的发展，必须对高校教学管理不断创新。受市场机制的影响，其中部分高校只追求学生数量的扩大，忽视了对学生质量的要求，导致其发展速度远远跟不上高等教育大众化的发展速度，最终导致其课程教育、教学等都与社会发展需求相背离，培养人才技能结构过于传统。虽然近年来大学生毕业人数不断增加，但是真正就业步入社会后，一些高校学生所学的专业无法和社会需求相挂钩，不仅学生的就业质量得不到保障，还造成教育资源和人力资源的浪费。

（二）高校自身发展变化的迫切需要

近些年来，我国大部分高校招生力度不断扩大，校区规模不断扩张，其中还有不少高校在本校区以外建立分校区，教学管理工作只能跨校区管理。如此一来，想要实现规范统一的教学管理必然有一定的困难。教学资源分散、管理难度增加、管理效率低下，诸如此类问题的存在，成为高校教学管理创新工作中必须解决的内容。传统教学管理模式与经验已然不适用于现今的跨校区、多校区教学。新时期新背景下，高校教学管理创新发展已成为高校自身发展的必然需求。

（三）高素质、创新型人才培养的迫切需要

自 21 世纪以来，世界各国综合国力的比拼逐渐白热化，而有效提高综合国力的关键在于科技实力的提高和创新型人才的培养。高校作为培养人才的主要场所，学生的创新教育成为重中之重。因此，高校首先应该改变思想，重新审视传统的教育理念，重新定位创新型人才的培养目标；其次要从教学管理制度入手，对专业设置、人才培养目标重新进行创新性定位，优化现有的教学管理制度，制定满足培养学生实践能力、创新精神和创业能力的教学管理制度。高校教师在教学过程中要充分考虑并尊重学生的个性差异，懂得因材施教。另外，还要注重学生的个性化发展，培养学生的自主学习能力，并为学生自主学习创造有利的环境和氛围，采取灵活多变的教学方式，充分为学生的实践活动提供指导，从单一的课堂教学转变为教学竞赛一体化的教学模式，充分发挥学生的主体作用，把教学的主体从“教师”向“学生”转变，从而为社会培养出更多的创新型人才。

二、高校教学管理创新性对策研究

教学管理工作作为高校工作的重中之重，若要实现高校教学管理的创新就要立足全面分析问题，并从整体入手进行优化，既要坚持传统且行之有效的管理模式与经验，又不排斥学习引进先进的管理方式。笔者谨提出以下四点建议，以完善高校教学管理的创新性改革。

（一）坚持“以人为本、以学生为本”的指导思想

理念是行为的主导，正确的理念能够引导人们在正确的道路上前进。对教育实施者的行为产生影响，对教学内容、课程设置、教学方法、教育目的乃至师生关系也有影响。高校的教学管理创新，归根结底是教学管理理念的创新，革新教育管理理念是根本。国家发展的发展的核心就是“以人为本”，高校教学也是这样。在高校教育过程中，坚持“以人为本”就是“以学生为本”，所有教学管理工作都要秉承“一切为了学生，为了学生的一切，为了一切的学生”的管理原则，将人文关怀渗透日常教学与管理活动中，凸显教育方法的开放性与灵活性，最大限度地保留大学生的个性差异，让他们在高校中培养出强大的自主学习意识和创新创造能力，使学生成为社会发展与国家进步所需要的优秀创新型人才。

（二）加强教育者自我学习，提升整体管理能力

加强对高校教学人员的管理，不断提高管理人员的整体工作水平，主要包括以下三方面内容：第一，思想政治修养的加强。高校作为文化传播的重要场所，身上肩负着培养人才、发展科学和社会服务的重担。因此，高校教学人员首先要具备高度的责任心，用严谨认真负责的态度对待工作，这才是高校教学管理创新性发展的前提。第二，掌握现代教学管理的理论知识。为了提高高校的教育管理水平与教学质量，每一位高校教学人员都应该全面掌握现代教育理论知识，尤其对教育心理学、教育管理学等方面的学习，还要对教育教学管理制度有充分的了解，才能够保证教学管理工作顺利开展。第三，高校教学人员应该具备创新能力和意识。为了高校更好地发展，教育不断改革，具备创新能力和创新意识是不可忽视的重要内容，只有具备这两方面能力，才能为高校献言献策，提出新的发展方向，为高校创新性发展提供实践理论基础。只有在创新的道路上不断前进，找出适合自身的发展道路，才能使学生个性化发展得到保证，才是不断提高学生学习积极性的基础。在如今“互联网 +”的时代背景下，对高校教学人员提出了更高的技能要求，网络、电脑、智能手机等都成为教学管理工作的重要工具。这就要求高校教学人员在工作中自觉地学习，积极发挥创新意识，多掌握一些网络技术，不仅工作效率能够得到保证，而且能保证各项教学工作的准确率。

（三）充分发挥“双效激励机制”

充分发挥“双效激励机制”，该制度不仅是教师积极参与教学管理的基础条件，同时还是激发学生主动学习的动力。“双效”其一是对教师的激励机制。高校要进一步完善针

对教师所实施的各类福利政策，让教育者毫无后顾之忧地投身教学工作。一方面要不断加大课时津贴、教学奖励等福利政策的实施力度，另一方面要鼓励高校教育者将个人兴趣融入教学活动中，改变重科研、轻教学的倾向，做到教学与科研两手都要抓、两手同时抓，努力为教师营造出公平合理的教学管理氛围。“双效”其二是对受教育者——学生的激励机制。充分发挥对学生的激励机制，是提高学生学习积极性与创新性行之有效的措施。首先，引导学生提高自主学习能力及创新能力。高校要给学生创造出良好的学习氛围，引导学生树立正确的人生观、世界观和价值观。其次，高校要多途径、多方面为优秀学生搭建创新平台，学生接受教育的场所不再单一地局限于课堂。通过课程实践、实习、竞赛等多途径为学生发展提供机会。最后，建立学生参与教学的管理制度，让学生通过校方的正规途径充分了解学校、学院在教学管理方面的创新性工作，从而更好地发挥学生的主观能动性。面对新时期的高校发展，建立“双效激励机制”已是必然趋势，支持教育者与受教者的工作与学习，让教与学在高校教学中发挥出最大的功效与潜力，从而达到教学目标的最优化。

（四）深化教学管理体制创新

为了满足新时期我国经济体制的发展需求，教育体制要进行相应改革与创新。学校主要进行宏观政策、机制上的调整，进行相应评估检查，各个学院的主要职责是对教学过程和教学质量进行监管。因此，高校教学管理重心要下移。首先，高校要改变传统专业课程的设置模式，让全体教师都主动参与到教育教学的改革、学生课程的培养方案优化工作中，如此不仅发挥出教师的各自优势，还能节约高校教育资源。其次，完善高校教学管理中校、院两级分级管理模式，重点强调院系教学管理的主体地位，明确其中的权利与责任。最后，建立更加科学的学分制度，努力促进高校教育思想、教育观念、教学模式、教学内容与方法的变革。

高校教学管理创新工作是大势所趋，必须凝聚国家、高校和社会各界的力量共同完成，秉承“以人为本”的科学发展理念，努力提高自身的管理能力，充分发挥“双效激励机制”，努力深化教学管理体制创新，为高校教学管理创新迈上新台阶奠定坚实的基础。

第三节　网络时代高校教学管理的创新

随着网络信息技术的发展和高校教学改革的不断深入，高校教学管理信息化建设在资金、人员、教学管理软件及教学评价标准方面都跟不上发展的速度。高校要想提升教学管理的科学化和现代化水平，就要在电子教务管理系统、管理人员信息素养、筹资渠道、教学管理软件、教学评价机制、可持续发展等方面积极探索教学管理信息化建设的新路径。

高校教学管理信息化是高校利用先进的计算机、数据库和网络技术，实现教学信息的资源共享，使传统的教学管理向规范化、科学化、数字化和网络化发展，最终形成与高校教学管理发展并存又相互作用的虚拟教学管理系统。近几年来，随着现代信息技术的飞速发展和网络基础设施的不断完善，高校教学管理信息化建设取得了重大进展，运用信息技术运行的各种教学管理信息系统更是得到了广泛的应用，从而促进了从宏观到微观的高等教育管理体制的改革与创新。

一、网络时代高校教学管理信息化建设的背景

随着科学技术的进步和全球经济的飞速发展，人类社会已进入一个崭新的信息革命时代，即网络时代，21 世纪对高校人才的培养也提出了更高的要求。当前，高校教学管理工作面临着网络新时代发展的新挑战，具体体现在以下三个方面：

第一，网络时代高校教学管理面临的新挑战。21 世纪是一个信息技术高速发展的时代，以计算机技术、网络技术以及各种新媒体手段为核心的信息技术纷纷出现，并被广泛应用于社会各领域中，成为拓展人类能力的主要工具。在这样的信息化环境下，高校的教学管理工作面临着新的机遇和挑战。一方面，高校可以充分利用现代化的信息教育手段开拓教学管理工作的新局面，促进教学管理理论和方法的创新，提高教学质量，探索与发展全新的教学管理模式。另一方面，高校教学管理在运用各种现代化信息技术教育手段的同时，也面临着科技新发展带来的各种挑战。例如，各种新媒体及网络技术的购买和维修成本高，高校经费投入需要加大比例；新教学设备的维护工作对专业的技术支持人员提出新的要求。

第二，高校大力推行教学管理改革运动。近些年来，我国高等教育事业获得快速发展，学校办学规模不断扩大，在校学生人数持续增加，毛入学率不断提高。我国高等教育已逐渐由精英教育向大众教育转变，给高校教学管理工作带来了前所未有的压力和挑战。如何确保高等教育教学质量，防止教学质量滑坡已成为社会各界重点关注的问题。高校过去的传统教学形式和管理体系已经难以适应大众化高等教育的发展。为了应对这种挑战，国内很多高校进行了以选课制、学分制、弹性学制为核心的教学管理改革运动。选课制是学生在一定的规则范围内，自主选择所修的课程。学分制与学年制相对应，以学分考核学生的学业完成情况，用规定的毕业最低总学分来衡量学生的学习量和毕业标准。弹性学制是学分制的另类发展和表现，指学生可以根据自身的条件和特点来安排学习，其最大特点是学习时间的伸缩性、学习过程的实践性及学习内容和学习方式的选择性。这些教学管理改革运动在一定程度上满足了高校教学管理信息化建设的需求。

第三，21 世纪对创新型人才的需求。21 世纪是知识经济的时代，是全球政治经济一体化、文化多元化的时代，社会、科技和经济等各方面的发展对人才的培养提出了更高的要求。创新能力逐渐成为各国衡量人才的首要和关键标准，高素质的创新型人才成为推动社会各领域飞速发展最重要的推动力，能够有效地推进创新型组织及创新型国家的建设。自 1995 年我国提出科教兴国战略以来，创新人才培养成为国家人才战略的核心，而实施

科教兴国和人才强国战略，就必须加强科技创新和教育创新，在社会的各个领域培养出具有国际竞争力的创新型人才已成为我国教育事业的首要目标。清华大学教育研究院发布的“以学习者为中心”的研究报告称，和美国的研究型大学相比，我国的“985”高校在激发学生自主学习的渴望与能力、提供创新性学习方面表现不佳，“填鸭式”教育在我国高校中仍未得到根本性改变。因此，在高校建立创新型人才的教学培养模式是我国目前亟待解决的问题。高校要顺应21世纪教育创新发展的需要，实行高效且操作性强的教学管理新模式，注重对学生创新能力和综合素质的培养，充分运用信息技术手段进行教学管理，提高教学管理效率，实施个性化教育，培养创新型人才。

二、网络时代高校教学管理信息化建设存在的问题

在当今的网络时代，虽然高校教学管理信息化在我国越来越受到重视，但是在大多数高校还处于起步阶段，在资金、人员、教学管理软件及教学评价标准等方面还存在很多问题。

资金投入不足。教学管理信息化没有完备的教学设施。虽然高等教育信息化建设的重要性越来越受到各高校领导的普遍认可，但是资金投入不足仍是制约高校信息化发展的因素之一。究其原因，一是由于高校扩大招生规模，高等教育日益大众化，单一的国家财政拨款远不能满足高校发展的需要，教学管理信息化建设上的投入也就相对不足；二是近年来各高校都在加速建设的步伐，将主要经费投入到校园建设、人才培养、教学项目等方面，忽视了教学管理信息化建设；三是教学管理信息化建设中所运用到的多媒体及网络技术的购买和维护成本较高，资金投入总量较大。此外，由于我国区域间经济实力发展的差异，导致不同地区的高校教学管理信息化发展水平极不平衡，那些经济发展水平较高，经费投入多的高校，教学管理的信息化程度较高，建立了完善的电子教务管理系统。而一些地方性院校、中西部高校，由于经费投入不足，教学管理信息化的进程严重滞后，有些地区甚至缺乏基本的网络教学设备。

相关技术人员队伍建设滞后。高校教学管理信息化的建设过程离不开高素质的专职技术人员在教学硬件的维护及教学软件的研发等方面的支持。然而，高素质的专门技术支持人才的匮乏成为制约我国高校教学信息化发展的又一障碍。在实际工作中，由于受人员编制、资金投入等因素的影响，在职位设置上，各高校普遍没有专门的技术支持人员岗位，导致信息化的教学设备维护的技术水平较低，教学管理系统的稳定性和安全性得不到保障；在具体教学过程中，经常出现教学设备突发故障时没有专门的技术人员及时进行维护的情况，导致正常的教学活动受到影响；在教学管理软件的研发上，许多高校由于自身专门的技术支持人员缺乏，往往单纯依赖外部专业的程序开发人员规划和设计教学软件和系统，导致设计出来的软件和系统出现功能与实际不符或者操作不便等诸多问题。要引起关注的是，教学管理的实践证明，高等教育信息化的建设速度越快，技术支持的问题就会越突出。

教学管理人员是高校教学管理工作的组织者和实施者，在具体教学活动中起着至关重要的作用，直接影响着教学任务的完成。如今信息化的教学管理环境对教学管理队伍的综合素质提出了更高的要求，信息技术素养越来越受到重视。但是，在对教学管理人员进行招聘时对其信息技术素养要求不高，录用后又忽视对他们进行系统性的培训，加之自身传统教学观念的落后，导致高校教学管理人员的信息技术素养普遍偏低，不熟悉计算机和多媒体技术的操作，不善于使用网络技术、计算机、互联网等现代信息技术手段去获取、分析、反馈信息以及处理日常事务性工作，缺乏学习和应用新技术的积极性，工作效率低，这些都制约了高校教学管理信息化建设的进一步发展。

缺乏完善的教学管理软件。目前，我国很多高校学籍管理、考务管理、教材管理等信息管理软件已经在实践中得到了应用，在成绩、选课、学生基本信息管理等方面发挥了一定的作用，大大提高了高校教学管理的效率。但是，这些软件大都属于教学管理信息系统的某一局部应用，其开发时间、使用要求及应用水平都呈现出不均衡性。此外，这些教学管理软件大多是各个高校委托专门的技术公司研制或是自行研制开发的，缺乏信息化平台建设统筹规划性。在信息化建设过程中，忽视了教学管理信息化的核心地位，数据共享和传递困难，难以实现资源统一管理的目的。

缺乏支持教学管理信息化的评价标准。随着学生对网上教学平台和电子课件利用率的提高，自助式教学在我国很多高校越来越受到追捧。然而，支持高等教育信息化的教学评价标准尚不成熟，自助式教学的效果如何检验、教师网上答疑和多媒体课件制作如何计算工作量等一系列问题不断涌现，亟须解决。教师在教学过程中使用信息技术要花费教师更多的时间，会成倍地增加教学工作量，虽然提高了课堂效率，但很多高校的人事考核还没有对这种额外劳动进行明确的评价和物质奖励，会大大影响教师运用信息技术进行教学的积极性和主动性。此外，信息技术与教学的结合涉及教学模式的改变和学生学习效果的评价，这种教学评价工作的执行也需要以统一的标准为参考依据。

三、高校教学管理信息化建设的新路径

网络时代，高校教学管理信息化在高等教育改革和发展中起着越来越重要的作用，为了进一步提升高等教学管理的科学化和现代化水平，各高校要在电子教务管理系统、管理人员信息素养、筹资渠道、教学管理软件、教学评价机制、可持续发展等方面积极探索教学管理信息化建设的新路径。

建立信息化电子教务管理系统。高校要根据自身的实际情况，利用现代信息技术，建立以信息化为平台支撑、完整统一和技术先进的电子教务管理系统，实行以信息化为平台支撑的教学管理改革，实现智能性、互动性、个性化的教学管理。建立信息化的电子教务管理系统，高校要从以下具体方面着手：一是建立完备、可靠的教学信息处理系统，在各教务管理部门间实现统一的信息浏览、成绩管理，通过对学生基本信息的高速共享，促进

教学管理部门之间的高效协作；二是建立集教务工作自动化和信息化为一体的先进的电脑网络系统，通过电子化、信息化，实现教学管理的规范化，提高教学管理效率；三是随着教育资源管理系统、课程管理系统、课程制作系统、智能答疑系统、作业与考试系统等的相继出现，推行以选课制、学分制、弹性学制为核心的教学管理改革运动，实现个性化教育和创新人才培养。此外，高校要利用网络技术，发挥互联网的优势，建立教育资源库和校园门户网站，为学生和教师提供方便的网上教学平台，为师生构建网上协作学习的良好环境。

提高教学管理人员的信息技术素养。高校教学管理信息化建设对教学管理队伍的综合素质提出了更高的要求。提高教学管理人员的信息技术素养和信息管理能力是实现教学管理信息化的关键。首先，在新任教学管理人员的招录中要针对信息技术素养设定一定的录用标准，通过现代化信息教学设备的实际演练进行能力考核，择优录取。其次，要对新任教学管理人员进行信息技术培训，根据岗位特点，有针对性地加强信息管理知识的培训，提高计算机技术、网络技术和多媒体技术的应用水平，扫清技术和操作上的障碍。最后，对在职的教学管理人员进行年度性的信息素质考核，通过制定有效的惩罚和奖励机制，促使教学管理人员主动适应信息化社会发展的需要，不断提高自身的综合素质，不断积累计算机技术、网络技术、多媒体技术等方面的知识，更新和拓宽自己的技能领域，熟练驾驭现代信息教学技术。通过这三个途径最终打造一支具有教学管理经验和创新能力，能熟练应用基于网络技术的教学管理信息系统的高素质的教学管理队伍。

多渠道筹措资金。长期以来，我国高校形成了以财政拨款为主要经费来源的筹资格局，虽然自 20 世纪 80 年代以来国家财政和各级地方财政对教育经费拨款逐年增加，但是由于高等教育规模的不断扩大以及物价指数的飞涨，单一的国家投入远不能满足高校发展的需要。因此，要借鉴发达国家高校教学管理信息化的经验，结合市场经济的发展特点，通过广泛的社会服务和参与，形成以国拨经费为核心，多渠道、多元化的筹资体制，充分发挥中央政府、地方政府及高校在教学管理信息化建设中的集资作用。中央和地方政府除了每年向高校提供固定的财政补助外，要通过制定相关税收优惠政策，鼓励和支持各种社会团体、企业和个人参与到高校信息化建设中，通过引进技术和资金，更新落后的教学管理硬件配套设施，建设性能优异的电子教务管理系统。高校要结合自身的实际情况来通过各种合法手段获取办学经费。

开发优质的教学管理软件。优质的教学管理软件是实现教学管理信息化的重要条件。目前，我国不少高校都是委托校外某个公司或机构来完成教学管理信息软件和系统的程序设计与开发，学校教务管理部门本身并不参与或很少参与这个过程，导致开发出来的教学管理软件和系统在实际应用中存在很大的局限性。因此，各级教育主管部门、各高校要组织本校既懂现代信息技术又懂教学管理的人员共同开发研制质量高、适用性强的教学管理软件，而教务处的系统规划者也必须全程参与到开发过程中。在具体的开发过程中，要采用国家标准和教育部对教育信息化管理的规范，充分考虑上级教育主管部门对学校和下级管理部门的要求，实现数据的完全共享，提供完整的信息指标体系，使其内容能够满足各种类型高校的需求。

建立教学管理信息化的评价机制。科学的教学管理信息化评价和激励机制可以有效地提高教学工作水平和教学质量。为了有效地促进高校教学管理信息化建设的发展，各高校要根据不同层次和类型的教学工作要求，制定科学合理的评估指标体系，采取切实可行的评估方法，对各层次和各类型的教学管理工作进行科学客观的评估，为今后改进教学管理工作提供科学的依据。此外，要建立支持教学管理信息化的教学评价标准，对教师因运用信息化技术进行教学而增加的工作量进行合理评估，并建立与之相对应的物质奖励机制或课时抵用的计算方法，从而提高教师进行信息化教学的积极性。对信息技术与教学的结合产生的教学模式和学生学习效果的改变也要建立一套合理的评估体系，支持高校教学管理信息化建设的进一步发展。

促进教学管理信息化建设的可持续发展。高校教学管理信息化建设是一个长期而曲折的过程，要努力使其实现可持续发展，具体要做到以下三个方面：一是实施教学管理信息化的全面、协调发展。教学管理信息化的实施不仅要体现对学校教学工作的重要支持，还要体现对科研、行政管理和社会服务的支持，要让教学管理信息化带动高校整体信息化的协调发展。二是对教学资源进行优化配置、合理利用与保护。教学管理信息化系统是一个较为复杂庞大的管理系统，包括硬件设备、应用软件以及管理人员等各种资源，在具体的教学管理工作中，要对这些资源进行优化利用和配置，同时也要做好这些资源的维持和保护工作，发挥它们的长期效用。三是加强各级教学管理人员的信息技术能力建设，通过不断提高教学管理人员的信息技术素养，不断深化高校教学管理信息化进程。

总之，高校教学管理的信息化建设是当今高等教育发展的大势所趋，也是适应当今网络时代对创新人才培养的要求。各高校要充分利用现代信息技术，探索新的教学管理模式，促进高校教学管理信息化建设的发展，从而进一步提高教学管理的科学化和现代化水平。

第四节　新媒体环境下高校教学管理创新发展探索

高校教学管理创新发展是时代变革发展的必然趋势。高校教学管理现状主要表现在教学管理工作认识程度不够及教学管理数字化程度相对薄弱。建立“以人为本”的现代高校教学管理理念；构建高校教学管理网络信息化运行机制；开展“精细化”高校教学管理模式是高校教学管理创新发展的有效途径。

随着我国“科教兴国”战略的推进实施，高等教育事业实现深刻变革与巨大发展。适应时代发展需要，是我国高等教育改革与发展的基本目标与要求。高校教学管理工作是高校管理工作的核心内容，是高校培养高质量人才服务社会的重要保障。根据现阶段我国高等教育发展的实际情况和发展特点，国家教育相关管理部门对高校的教育管理已经提出了新要求，尽管我国高等教育发展过程中对教学管理做出了相应的改革，但在应对新形势下的高校教育教学中面临的问题还存在着部分限制解决因素，在一定程度上影响了教学质量。因此，通过改革创新教学管理模式是我国高等教育适应时代发展的现实要求。

一、高校教学管理创新发展的必要性

（一）高校教学管理创新是时代变革发展的必然趋势

步入 21 世纪后，社会改革发展使社会政治、经济、文化及教育等方面都发生了巨大变化。高校作为社会发展输送人才的主要阵地，根据时代变革特点打破原有的教育管理模式，提升教育质量是高校教学管理创新发展的基本原则。根据相关资料数据统计，与改革开放初期我国专业教师人数相比，现今的师资数量及结构发了巨大变革，中青年教师及青年教师成为师资结构的主要组成部分。随着时代的变革发展，如此庞大的教师队伍是高校教学管理进行创新改革时考虑的重要层面。2016 年 6 月，教育部下发的《关于中央部门所属高校深化教育教学改革的指导意见》明确指出，提高人才培养质量是高等教育的核心任务，深化教育教学改革是新时期高等教育发展的强大动力。当前，在高校教学管理中深入推进信息技术与教育教学管理深度融合是时代变革中教学管理创新发展的必然趋势。

（二）互联网技术普及应用为高校教学管理提供新契机

随着互联网信息技术的不断发展，当前社会已经进入“信息时代”，互联网的普及已经成为社会发展的趋势并逐步应用于各领域。因此，建设以互联网应用为基础的网络信息化管理是高校教学管理改革的重要途径。互联网技术的应用可以使管理方面更为精准化、人性化及集约化，高校在教学管理中运用互联网进行多种信息传播将更为智能，在操作过程中精准程度将大幅度提高。同时，在劳动强度方面可以极大地减轻工作人员的工作量，提高日常教学管理的工作效率。高校通过互联网技术与高校管理服务体系的深度结合，利用互联网带来的公共数据资源的开放获取优势，可以形成在线“一体化”公共服务体系，将服务资源进行有效整合，实现数字化及智能化的高校教学管理服务。

二、高校教学管理创新发展的有效途径

（一）建立“以人为本”的现代高校教学管理理念

“以人为本”是胡锦涛同志提出的科学发展观的核心，体现了中国共产党全心全意为人民服务的根本宗旨。高校教学管理的本质就是在教师从事教育教学过程中尽可能地进行辅助服务。“以人为本”的现代教学管理新理念其核心就是围绕教师和学生通过使用科学的管理模式对学生及教师开展教学管理工作，与传统的管理模式相比弱化了以理性为中心开展管理工作，是当前高校教学管理改革发展的一个必然趋势。一方面，高校管理人员通过加强自我服务意识的提升，对学生及专业教师的个性化需求给予最大化的满足，在教学、

科研及服务管理过程中做到规范管理、人性管理和民主管理，切实做到以人为本，突出人性化的教育管理理念。另一方面，要重视学生的地位。学生是高校教学管理内容的重要组成部分，通过发挥学生的主观能动性可以激发学生的学习兴趣，提高教师的教学效果，达到人才培养的最终目的。

（二）构建高校教学管理网络信息化运行机制

“互联网 +”与高校教学管理工作的紧密融合使信息资源高度共享得以实现。高校网络信息化运行是服务于学生及教师办理日常事务的最简化途径。应用教学管理信息化系统是高校进行网络化办公的主要方式。提高高校教师及学生对教学管理信息化系统的使用效率是构建高校教学管理网络信息化运行机制的根本目的。积极引导高校学生正确、快速地使用高校教学管理系统，减少现场办公环节，可以对提高高校教学管理工作的效率起到正面和积极的作用。同时，在完善教学评价过程中，网络信息化提供的大数据可以及时分析教学过程中发现的各类问题，教师通过数据分析结果及时调整教学内容，最终会促进整体教学效果的提高。高校教学管理在大数据的支撑下可以从宏观向微观转变，对群体的分析与观察逐步转向个体，在分析具体学生的反馈数据基础上进行实时跟踪，以实现高校教学管理质量的显著提升。

（三）开展“精细化”高校教学管理模式

“精细化”管理模式主要是通过细化分工实现最佳管理效果的一种职责明确化方式。在高校的教学管理中，开展“精细化”教学管理是高校教学管理创新发展的有效途径。高校的“精细化”管理模式主要是通过对正常运行的教学管理的各个主要环节进行合理策划、精心组织，紧扣管理中的实际情况，依据“以人为本”的主要原则加强管理力度，实现教学管理从量的改变到质的提升。一方面，通过“精细化”管理加强高校管理工作人员的素质提升。制订“精细化”的教学管理工作人员素质提升计划对其展开培训。聘请专家进行专业化讲座及参观培训，对“精细化”管理相关实践技能开展有效学习，逐步掌握流程化的管理技巧。另一方面，要构建“精细化”考核监控体系。通过“精细化”的管理考核体系可以激发高校管理工作者的工作情绪，调动其积极性和主动性，同时在不断完善的奖惩机制过程中，激励教学管理人员不断进行改革创新。

第五节　大数据背景下高校教学管理创新

在互联网技术迅速发展的影响下，我国已经进入了大数据时代，大数据的信息使人们的生活、工作、学习得以全新的改变。同时也受到了教育管理者的推崇与使用。其中，高校的教学管理工作也在适应着时代的发展需求，不但摒弃了以往落后陈旧的教学管理方式，而且充分利用大数据信息对教学管理模式进行了创新改革。目前，将大数据的信息与高校对于学生的管理模式进行有机结合，不仅能彻底摆脱低效落后的管理手段，也能够大大提高高校开展学生管理与服务的工作效率。但是，在大数据背景之下高校教学管理工作中依然存在着很多问题，如何高效解决这些问题且采取相关策略去推进高校管理工作的顺利开展是我们十分值得探究的。

高校是学生接受教学培育及日常生活的主要阵地，因而制定有效的教学管理制度，并且通过充分运用教学教育的管理手段，才能够高效实现对于学生的教学管理目标。大数据的普及运用，给教育行业带来了新生，很多高校慢慢脱离了过去传统陈旧的教学管理模式，同时，为了适应大数据时代的发展趋势及当前的教学管理实际需求，高校对教学管理工作实施了一场创新改革，取得了明显的效果，但是由于经验不足，导致在有些方面还尚有不足之处，如何更好地将大数据信息技术与高校教学工作进行更好的结合，是高校当前面临的挑战。

一、大数据技术的概念内容

大数据技术就是涵盖海量数据的整合，无法在一定的范围与有限的时间内开展信息内容的收集与高效管理的数据形式。通过整合与处理海量的大数据信息资源，能够对企业、事业单位的相关工作进行相对应的决策指导，优化大量信息数据的管理过程，并且推进不同种类无形资产的快速增长。大数据技术的运用，其最终目标并不是搜集大量的数据信息，而是处理巨大的数据资源。通俗来说，就是整合使用多个数据信息库，再对数据库中覆盖的大量信息资源进行“加工”，能够在原来的基础之上促使数据信息价值的增值。

二、大数据背景下高校教学管理中存在的问题

高校教学管理工作中收集与整合数据缺少明确的目标。当前，很多高校运用的大数据技术依然处在我国信息化建设工作的起始阶段，大数据在高校教学管理中的使用方向相对较少，并且缺少清晰明确的工作目标。高校的相关管理部门对学生数据的收集，没有按照日常学习与活动的数据要求进行对数据的收集、整合与存储。而是对高校学生的所有信息开展收集管理，包含图书借阅、课外活动、课堂学习、兴趣爱好等信息，致使高校对学生的数据信息管理缺少规范、科学、明确的实行目标，搜集到的学生数据信息也是杂乱不齐，其中也有很多数据信息根本没有什么存储价值，可是重要的学生数据信息又会出现漏采或没有记录的情况发生，这样就会造成高校的教学管理工作出现失误和偏差。

高校的数据化教学管理与实际人才的需求存在脱节的现象。在大数据时代，高校获取存储的信息数据，基本都是将不同种类的信息数据区分开再存储到不同的数据管理库。所以，高校不同的数据管理库存在着差异化的信息数据，各种各样的教学资源信息如“孤岛效应”一般存在着。很多高校数据信息库之间没有建立内部联系，导致无法共享资源信息，同时，社会与高校之间也缺少直接的数据交流途径。在各种数据资源独立与不相连的情形

下，高校的教学管理能力自然就会大大降低，并且高校对学生进行的一系列教学活动也无法满足社会企业对人才的实际需求。当下高校的教学管理数据库建设依然还处于利用信息数据的过渡时期，挖掘和分析的数据信息内容不够全面、统一，数据信息资源对指导高校开展教学活动也起不到突出的作用。

三、大数据背景下高校教学管理的创新策略

加强高校教学应用数据信息技术的管理意识。当前，大数据不但是高校教学管理的无形资源，也是高校不同部门进行教学管理决策的关键性依据。但是很多的高校教学管理部门，还有教师对学生的数据学习缺少敏感性，在运用多种信息数据对学生进行管理的效果很不理想，实现不了专业化、精准化的教学管理。因此，从大数据信息技术的分析和研究的教学角度出发，高校教学管理的相关部门工作人员要加强自身数据化管理的工作意识，创建对学生进行教学引导的信息化平台，对高校的各种数据资源信息进行统一整合，深度挖掘与学生心理教育及课程教学有关的数据信息内容，以此来真正地实现大数据对高校教学管理的有效服务。

创建数据信息的统一管理标准，实现共享数据。构建统一的高校教学信息管理的相关标准，能够大大减少采集信息时出现过多无用的数据，从而有助于充分保障收集、存储及利用有用的数据信息，同时也能减少工作量，提升管理效率。另外，各个高校建立统一数据收集与管理的相关标准，能够使不同的云端存储平台形成有机的衔接，而且能通过互联网平台共享和交流各种数据信息资源。高校可以利用服务器和数据库等相关硬件设备，通过互联网平台共享互通学生的数据信息资料，同时再筛选出有用的信息进行深度的挖掘。例如，高校相关的管理部门可以将学生的考试成绩、得奖情况、挂科情况、参加社会实践活动、课堂表现等信息进行统一整合，然后在学期末根据这些信息对学生进行综合性考核，给予相关的奖励与惩罚，对于表现好的学生发放奖学金、发放优秀学生的荣誉证书、保研等，而对于表现差的学生可以实行记过，甚至留级的对应惩罚。

第六节　慕课背景下的高校教学管理创新

在高等教育信息化背景下，MOOC 浪潮席卷全球，对高校的教学管理提出了挑战。本节分析了 MOOC 对高校的教育生态、教学理念、教学管理制度、科层管理模式。基于专业的教学管理范式、传统的教学模式等方面的挑战，探索了 MOOC 背景下，应对这些挑战的高校教学管理创新策略：积极推进 MOOC 本土化，优化师资队伍，更新教学理念，建立新型的教学团队，建立、完善 MOOC 发展的规范与标准，由科层管理转向共同治理，建立“课程管理”的教学管理范式，创新混合式教学模式。

一、研究背景

高校教学管理是高校教学行政人员为完成教学任务，提高教学质量，运用一定原理和方法，通过一系列特有的管理行为，组织协调和指挥教学工作，以实现教学目标的过程。教学工作是学校的中心工作，而教学管理是教学工作正常运行的基础，科学合理的教学管理是提高教学质量的保障，能够促进教师不断地发展提高，直接影响学校的人才培养质量和育人目标的实现。高校教学管理，主要内容有教学计划管理、教学质量管理、教学运行管理、教学评价及课程管理、教材管理、专业管理、教师管理、学生管理、教学管理制度等。

信息技术对教育发展具有重要影响，要促进教学内容、教学手段的现代化。应充分利用优质资源、先进技术，创新运行机制与管理模式，优化整合现有资源，构建先进、高效、实用的数字化教育基础设施。高等学校要利用信息技术创新教学管理方式，将教学管理与信息技术相融合，提高教学管理的水平，进而提高教学管理质量。

大规模开放在线课程慕课（Massive Open Online Course，简称 MOOC），是一种基于计算机技术和互联网技术，通过网络平台，把课程的教学录像、课程简介、教学大纲、参考资料、作业、重点难点指导等教学活动必需的资源全部上传到网络平台，学习者通过在线学习和互动交流，达到获取知识和技能的教学活动。慕课这种大规模的在线课程掀起的风暴开始于 2011 年，美国《纽约时报》将 2012 年称为“MOOC 元年”。随着美国 Udacity、Coursera 和 edX 三大 MOOC 平台的相继组建和更多课程的在线发布，MOOC 的发展态势呈现“井喷式”。2014 年 5 月，“爱课程”网的“中国大学 MOOC”正式上线，我国高等教育开始进入 MOOC 时代。MOOC 的规模庞大、资源丰富，由很多国家的著名高校提供，发布 MOOC 的教师多为业内权威教师，教学经验丰富，课程门类众多，内容精致，参与 MOOC 的学生规模庞大，来自世界各地的成千上万名学习者可以在线学习，互动交流。MOOC 将课程资源发布在网络上，学习者根据自己的喜好和需要，选择适合的课程。课程内容公开透明，形式多样，时间和地点不受限制，学习者的身份和人数也无要求。人人都可以自由学习。MOOC 实现了以学习者为中心的学习方式。教育的作用体现在教师的教是为了学生更好地学，MOOC 真正还原了学的本质，体现了师生互动、生生交流，重视学生的学习体验，对知识的认识和理解在互动交流的过程中逐步加深。MOOC 基于互联网平台，没有了师生之间的面对面交谈，更多的是人机对话，缺少监督和约束机制，难以保证学习者本人是否在学习、作业是否抄袭，学业水平的真实性无法考证。因此，MOOC 对学习者的自主性和自我约束力提出了更高的要求。MOOC 在很大程度上促进了信息技术与教育的融合，加快了教育信息化进程，并为跨国界校际交流与合作提供了桥梁与纽带，推动了全球优质教育的资源共享，有利于促进教育公平，养成终身学习的理念。

二、MOOC 背景下高校教学管理面临的问题和挑战

MOOC 的出现给我国的高等教育带来了重要的机遇：MOOC 不仅是对教育技术的革新，更重要的是对传统的课堂教学模式的颠覆，MOOC 的兴起必然会带来教育体制、教育观念、教学模式、人才培养等方面的深刻变化。这些变化又会给教学管理带来一系列问题和矛盾，成为高校教学管理面临的新问题、新挑战。

（一）MOOC 对高校的教育生态提出了挑战

MOOC 的出现对现有的高等教育生态带来了冲击，高校将面临全球化竞争的压力。任何人在任何地方只要通过网络就可以在线学习，与名校名师交流，教育生态向开放转型，高等教育的大众化、普及化是大势所趋。MOOC 的机会均等，促进了教育公平，也改变了高校的竞争模式，高校面临前所未有的压力。MOOC 带来了教育成本的降低，给高校的管理体制也带来了挑战。MOOC 可以免费学习，如果要得到学分或者证书，只需缴纳少量费用。相对而言，高等学校的学生学习成本要高得多，每年数千元甚至数万元的学费以及同质化的课堂教学模式已引起了高校对教育教学改革的思考。MOOC 打破了高校的围墙，也打破了世界范围内的国界限制，高校面临全球化的竞争。一些名校或者具有优势资源的学校，通过 MOOC，可以扩大知名度和社会影响力，在竞争中占有绝对优势，而生源和师资力量相对薄弱的应用型高校，在竞争中明显处于劣势地位。

（二）MOOC 对高校的教学理念提出了挑战

目前，我国的高校普遍存在重科研、轻教学的传统，评价一所大学的优劣也往往以科研指标来衡量，教师在职称评审和待遇方面也和科研直接挂钩。因此，大部分教师将主要精力用在项目申报和发表论文上，无暇顾及教学的好坏。教师对学生的学习关注不够，教学方式单一，教学效果很难得到提高。MOOC 作为一种全新的教学模式，对高校教师的教学计划、课程设计、教学大纲、教学内容、教学投入提出了更高的要求，对学生的主动性、积极性、参与性，对教学管理的科学性、规范性、先进性等都提出了更高、更严格的要求。来自国内外名校名师的 MOOC，无疑会对学生有着更高的吸引力，对一些师资力量相对薄弱的一般高校和教师必将带来巨大的压力和冲击。因此，高校教师和管理者必须改变重科研、轻教学的理念，把教学工作作为高校的中心工作，树立以学生为中心的教学理念，提高教学水平和人才培养质量。

（三）MOOC 对高校的教学管理制度提出了挑战

高校的教学管理制度是高等学校对教学工作有效管理、对师生员工的行为规范进行约束引导，进而实现高校教学目标和人才培养目标的重要保障。教学管理制度在高校中具有约束、激励和导向功能。MOOC 的到来，对高等学校的管理者来说，是一个新鲜事物，在 MOOC 建设与推广过程中会出现新的问题和矛盾，传统的教学管理制度已经不适

应 MOOC 背景下的教学管理，需要相对应的教学管理规章制度来实现 MOOC 的顺利开展。制定 MOOC 课程的认证标准，如何引导教师积极参与 MOOC 建设，计算 MOOC 的学分，如何共享 MOOC 的优质资源，如何改革 MOOC 背景下的教学管理方式，如何评价 MOOC 的教学质量，调动学生的学习积极性、阻止学生的抄袭与作弊，如何建设本土化 MOOC 课程，计算 MOOC 的教学工作量等，都对传统的教学管理制度提出了挑战。

（四）MOOC 对高校传统的科层管理模式提出了挑战

传统的教学管理是建立在科层制管理基础上的。科层管理强调的是程序化、系统化的方法，在严密设计的各种组织中有很多规定好的程序，通过成员执行规定的程序完成任务。科层管理追求效率和逻辑，以自上而下的管理作为运行机制，关注的是控制而不是理解，强烈的科层制导致的是从属而不是创新。科层制管理容易形成管理主义意识和控制情结。因此，科层制的教学管理模式与 MOOC 背景下的教学管理模式有着严重的冲突，MOOC 突破了跨国界的校际界限，对封闭式的科层制教学管理提出了挑战。

（五）MOOC 对高校基于“专业”的教学管理范式提出了挑战

高校传统的教学管理范式是“专业管理”，这种管理的结果就是高校的教育资源被一个个专业分割，课程资源在同一学校甚至同一学院内都不能共享。专业管理范式下，以固定的课程组成明确口径的专业，形成一种固定的批量人才培养模式，是与计划经济体制相适应的。但专业管理的范式，导致各个专业的教学资源只为本专业服务，不能有效共享，学生被限制在一个固定的专业领域，转专业非常困难，不利于培养社会需要的复合型人才。在教育信息化和 MOOC 背景下，大量优质的课程资源在全球范围内共享，促进了学习方式和教学方式的改革，各个高校希望通过 MOOC 平台提高自己的影响力和知名度。基于专业的教学管理范式已不能适应 MOOC 背景下的教学管理，高校需要构建适应 MOOC 发展的课程管理范式，适应复合型和多元化人才的培养。

（六）MOOC 对传统的教学模式提出了挑战

当前的教学模式反映的是工业革命时期的特点，为了提高标准化教学的效率，在生产流水线上使学生接受教育，教师在台上讲，学生在下面听。在这种传统的课堂教学模式下，所有的学生接受同样的教育。其缺点在于，学生的认识、能力、水平各有差异，有的学生学得快，有的学生学得慢，教师对一个概念解释多遍，有的学生还是不能掌握；有的学生情况相反，当教师在课堂上不断重复着解释一个概念时，他们会感到厌烦。因此，MOOC 的到来给传统的教学模式带来了冲击，但是并不意味着 MOOC 完全代替传统的课堂教学，MOOC 本身也有许多不足，只能作为传统课堂的补充。传统的课堂教学在创新思维、创新能力、批判思维、团队合作精神和意识、人文素养等方面具有 MOOC 不能相比的优势。因此，如何实现 MOOC 与传统课堂教学的无缝对接对高校的教学管理提出了挑战。

三、MOOC 背景下高校教学管理的创新策略

（一）积极推进 MOOC 本土化，将在线教育纳入高校发展战略

在教育信息化的环境下，在线教育已经成为教育国际化的重要途径。高等学校要从战略上重视在线教育，将其纳入学校长远发展的规划，抓住信息技术高速发展的机遇，以 MOOC 为契机，大力发展在线教育。第一，借鉴国外先进的 MOOC 经验，建立自己的 MOOC，推进 MOOC 本土化。高校内部，制定相关政策，鼓励教师进行 MOOC 建设，对教师开展培训，推动在线教育平台建设，为 MOOC 建设提供技术支持，在本校 MOOC 建设能力不足的情况下，可以结合学校和专业实际，引进适合自己学校人才培养目标的优质 MOOC。第二，高校积极创造条件，和其他高校联盟，合作共建 MOOC 平台，共享优质高校教育资源，建立区域性的高校联盟。建立高校 MOOC 联盟，有利于制定统一的 MOOC 标准和共享机制，缩小校际之间教育资源的差距，有助于推进教育的国际化，提高教育的质量。

（二）优化师资队伍，更新教学理念，建立新型的教学团队

信息技术的高速发展给高校教师带来了严峻的挑战。同时，也带来了难得的发展机遇。高校应该加强教师队伍建设，采取各种措施，更新教学理念，对于在 MOOC 建设和教学改革中出现的优秀教学成果，可以在职称评审、岗位聘任时作为重要的依据，引导教师将更多的精力用在教学上。以教学发展为中心，对教师开展培训。一方面，聘请相关专家和技术人员就 MOOC 平台的建设和使用开展专题培训。另一方面，鼓励教师走出去观摩学习国内外优秀的 MOOC 课程，深入了解 MOOC，学习完成一门 MOOC 课程。MOOC 的建设，需要优秀的教学团队合作共建，高校要加强教学团队建设，推进教师分工和多元化，将教师的个体劳动向团队协作转变。在 MOOC 背景下，教师要对自己的角色与职能进行调整，学生成为教学活动和课堂的中心，教师不再是单独的知识传授者，而是个性化学习的指导者和服务者，教师的职能和角色应朝向多元化、专业化方向转变。师资结构要适应 MOOC 的发展，教师的个体角色向“三位一体”的专业化团队角色转变，主讲教师负责 MOOC 视频的制作设计，辅导教师负责 MOOC 的课堂教学活动的答疑讨论，助理教师负责线上的辅导和对数据材料的收集、整理。新型的教学团队需要分工合作、各司其职，这样既提高了教学环节的专业化程度，也不会因工作量繁重而造成手忙脚乱的局面。

（三）建立、完善 MOOC 发展的规范与标准，创新教学管理制度

标准化与规范化是 MOOC 在高校顺利开展的基础与保障，高校教学管理部门要组织专家，尽快制定 MOOC 环境下的教学管理制度，建立和完善 MOOC 课程教学标准、课程运行标准、学分认证标准、工作量计算标准、教学评价标准、网络技术标准等。在

MOOC 课程建设方面，不仅要重视 MOOC 课程规模，更要重视质量建设，制定严格的课程认证标准，达到标准才能上线，对于上线的课程，要定期评估，对教学评价低、学生完成率低的课程要下线停开。制定适当的激励制度，一方面，激励教师积极投入 MOOC 建设中；另一方面，引导学生适应 MOOC 的教学方式，调动学生学习的积极性，制定学习效果评价标准和学生诚信奖惩制度。通过大数据分析学生的学习过程和学习成绩，提出有针对性的指导和解决方案。可以尝试与学生签订诚信保证书，使学生承诺不在学习与考试中作弊，对于诚实守信的学生给予褒奖，对于违反诚信制度的学生给予开除学籍等严重处罚。在学分认证和学籍管理方面，高校要创新管理制度。学生通过网络选课，高校之间互认学分，可以拿到外校的第二专业学位证书。这种学分互认的制度打破了高校之间的围墙，使优质教育资源共享，加速了高校的学分制及学位、学籍管理制度改革。

（四）力争多主体参与，由科层管理转向共同治理

治理强调的是多元主体的共同管理，是一种协作、互动，而不是自上而下的管理。高校的教学管理不是控制与约束师生，而是激励与鼓舞师生。树立教学管理是服务师生的理念，发挥专业权力，发挥教授专家治教的作用，充分体现师生的主体地位，激发和引导师生共同参与到教学管理工作中来。对教师和学生给予决策、建议和监督的权利，发挥教师学生的反馈与评价作用，使教师、学生、教学管理部门之间相互监督、相互制约。推动 MOOC 的积极开展，仅靠单一的行政力量远远不够，要突破封闭式的管理，让利益相关者成为教学管理的主体，力争多元主体参与，包括校长、院系领导、教师、教学管理部门、学生、家长、社区等，积极创造机会，提高教师的领导能力，充分发挥校院两级教学指导委员会、学术委员会、教学督导委员会的教学管理与监督功能。

（五）建立“课程管理”的教学管理范式

建立新的教学管理方式，使“专业管理”向“课程管理”转变。在“课程管理”范式下，专业是课程的组织形式，教师通过组织课程，确定教学内容；学生通过选择课程，获取一定的知识能力。高校应该突破传统的“专业”内涵，以劳动力市场为导向，提供与社会需求、个人需求相适应的课程，学生根据自己的意愿选择合适的课程，确定自己的主修专业，进而完成高等教育的学习。“课程管理”的重心在课程，高校可以建设不同类型、不同层次的教学内容和课程结构，不同的课程组合实现不同的专门化，进而打破专业的固化和静止。在 MOOC 背景下，高校应该充分利用 MOOC 的优势和特点，积极开发建设本土化的优质 MOOC。在本校 MOOC 建设能力不足的情况下，根据学校的人才培养方案和培养目标，引进适合本校学生的优质 MOOC。

（六）试点翻转课堂，创新混合式教学模式

MOOC 对传统的教学模式影响很大，但是也不能够解决所有问题，更不能完全取代课堂教学，将线上教育与线下教育相结合的混合式教学模式成为各大高校的探索方向。混合式教学模式就是将传统的课堂教学的优势和数字化教学的优势结合起来，这样既能发挥

教师的启发、引导教学过程的主导作用，也能体现学生作为学习主体的主动性、积极性。混合式教学模式下，学生自己安排学习进度，自己决定学习的深度和内容，遇到疑问可以通过线上向教师或者其他学习者求助，也可以通过课堂教学直接向教师求助。教师从重复性的讲课中解放出来，有更多的时间和学生沟通、交流和互动；学生从被动接受向主动学习转变，授课模式从传授式学习向探究式学习转变。

“翻转课堂”是混合式教学模式的主流形式，是把传统的教学模式“课堂教师讲课，课后学生作业”翻转为“课前学生自主学习，课堂教师答疑解惑”。具体的教学流程就是学生在家里通过观看视频自主学习，查找资料完成练习，发现疑难问题；课堂上学生提出疑难问题，教师组织交流讨论，解决问题。翻转课堂聚焦于每一个需要帮助的学生，让能力各异的学生变得更加优秀，使真正的差异化教学成为可能。学生在观看视频时可以随时暂停，直到学会为止，不用再为跟不上教学进度而焦虑。翻转课堂使师生之间、学生之间的交流增加了，有助于建立积极互动的学习氛围。

第七节　基于教学学术的高校教学管理创新

教学学术概念一定程度上破解了备受社会诟病的高校面临的难题，但是在我国高校，教学学术理念依然缺失、教学管理制度不够完善和灵活。因此，我们要树立教学学术理念，创新教学管理的体制机制，进而给教学应有的位置，使教学质量得到切实提高。

自 20 世纪 90 年代美国学者欧内斯特 L. 博耶提出“教学学术”的概念以来，在世界范围内掀起了关注教学学术、研究教学学术的热潮，在实践上一定程度改变了部分高校忽视教学，或者不重视教学，或者科研冲击教学的做法。尽管有国内学者的呼吁，也有敏锐的高校管理者的努力，但国内许多高校重科研、轻教学的倾向依然非常严重。多数教师把大部分时间和精力投入到科学研究中，较少考虑教学和教学学术等，偏离了大学的本真。因此，我们从教学学术的视角对教学管理中教学学术元素的缺失进行探讨，并提出创新教学管理的建议。

一、教学学术的内涵

教学非学术，教学首先是一种学术活动和一个能动过程，是维系教师和学生之间关系的桥梁。在一个好的教学过程中，教师既是知识传授者，也是新知识的学习者，很可能在此过程中得到一个创造性的发展。因此，把高等学校教学研究纳入学术范畴、成为教学学术是理所当然的。

教学学术概念的提出吸引了众多学者的目光。有的对教学学术做出行为描述，阐述教学学术行为的具体特征；有的对教学学术的构成做出分解，阐释教学学术的组合要素；有的对教学学术的概念做出整合，构建教学学术的系统模型。教学学术的概念因为争论而更加清晰，虽然各家仍有差异，但是都一致同意教学学术的共同特征：反思、交流、公开化。

高等学校教学的学术性是由教学的内在本质和特征决定的。同时，高校发展的规律决定了教学在大学中也必然享有学术地位。高等学校教学的学术性决定了教学管理必须立足于教学，从理念到制度，领导到普通管理人员的中心应该是教学。现实并非尽如理想。

二、高校教学管理中教学学术缺失的现状

在当前许多高校教学管理中，不同程度地存在这样或那样忽视教学学术的现象，特别是在管理理念、评价机制和激励机制等方面。

（一）管理理念的缺失

理念先行带动管理的成效。高校各级各类教学管理人员所秉持的管理理念将直接影响学校的发展方向和管理成效。根据我们的调查，与国外相比，我国学者关于教学学术的理论研究仍不够成熟，主要以引介为主，致使教学管理者在实践中缺乏教学学术理论支持。不少管理者偏狭地看待学术内涵，他们认为只有生产知识才称得上学术研究，把学术视为发表学术论文与出版学术专著，传播知识的教学未列入学术范围。他们就不可能把教学上升到学术层面进行探讨，而是把大学教学仅仅当作肤浅的技能。同时，不少高校管理者未能区分学科学术与教学学术之间的差异，进而采取相同的管理方式、方法对两种具有较大差异性的活动进行管理，不重视教学学术规律的独特性。认识的偏差使管理者在开展教学管理工作时缺乏教学学术理念的指导，热衷于教学的教师在教学上所做的努力和贡献，他们的水平与成果都得不到合理而公正的承认和评价，进而导致那些潜心钻研教学，全身心投入教学的教师缺少成就感，进而影响到工作的积极性，影响到高等学校的教学质量。

（二）缺乏质量意识

根据我们的调查结果，许多高校教师缺乏教学质量意识。他们大多以课时量来看待教学工作，较少关注教学效果，教学质量被忽视。高校管理人员考核教师的指标以具体可测的论文篇数、著作多少和课题级别等指标为主。至于教学，也是看课时量的多寡，对于质量缺少相应的可以测量的指标体系。长期以来，教学工作的重要性停留在口头上和文件中，但是具体落实效果不甚理想。长此以往，造成教学管理人员不重视教学质量，不关注教学质量；教师不关注教学，不研究教学。教学工作中心地位被忽视，教学工作被表面重视而实际上边缘化。

（三）评价机制缺乏灵活性

目前，我国多数高校对教学工作重要性的认识仍旧停留在文件中和口头上，对教学工作的成绩认识不足，对教学工作的考核，对教学工作量分解的方法，缺乏具体的、有效的、可操作的方法。通过我们的调查发现，几乎所有高校的教师晋升都是依据科研成果。尽管

每所高校都会定期考核科研成果与教学成果，但科研成果所占权重远远超越教学成果。由于科研成果的多少与质量是教师晋升的主要依据，涉及教师的切身利益，很容易导致一部分教师重点关注各自的专业领域，产生错误的科研决定论，误认为学术上的成就可以替代教学的成就，科研好教学质量就高；还会导致一些教师把目光盯在出论著、发论文上，对教学投入较少。教师的教学质量与研究相比其他科研来说难以量化评价，即使涉及教学工作也是最容易满足的条件。尽管部分高校出台了教学岗位职称晋升办法，但是其条件也是以可以量化的，诸如教学比赛获奖等级等为主要指标，许多全身心投入教学、教学效果好的教师很少有机会获奖。这就是“周鼎现象”产生的根源。如此僵化的评价机制，忽视了教学的中心地位，也忽视了教学的学术性。

（四）激励机制缺失

在多数高校，教师不重视教学的原因还在于对教师的激励机制乏力。教学中心地位的突出，需要全校上下都重视教学，日常的行为需要围绕着教学，管理人员服务教学，教师重视教学学术，关注教学问题。但是，学校缺乏对教师出色的教学艺术、教学方法和教学成效的欣赏、承认、关心和高度的评价，也对教师教学的激励不足。许多高校正在执行的教师绩效考核与教学质量关系不大，教学效果好坏对考核结果影响不大。如此便导致教师教学学术发展缺乏外在的来自组织的动力，进而造成教学质量的下滑。

（五）约束机制乏力

除了激励机制缺失之外，许多高校对于教师的教学行为约束不足是造成教学质量下滑的另一个原因。约束机制是为规范组织成员行为，便于组织有序运转，充分发挥其作用而经法定程序制定和颁布执行的具有规范性要求、标准的规章制度和手段的总称。虽然各高校都有相应的教学管理的约束机制，但执行起来往往不到位，显得乏力。各高校对于备课、教学纪律、教学方法、教学考核等都有具体要求，但是对于不认真履行职责的教师特别是科研能力强、科研成果多却不能履行教学职责的教师往往不按照制度执行。

三、以教学学术引导高校教学管理创新

为了促进高校教学质量的提高，回归大学本位，我们从教学学术的视角分析了教学管理中存在的不足，有针对性地提出以下对策促进教学管理的创新：

（一）树立教学学术的教学管理理念

教学学术不单单是一种理论，更是一种理念。为了实现教学管理工作的创新，高校内部各级教学管理人员要树立教学学术理念，用教学学术统领教学管理工作。第一，要充分认识教学的学术性。教学管理者要认真学习教学学术理论，充分厘清教学学术的意义、内涵、作用和运行规律，将教学学术放在与知识生产的学术同等重要的位置。关注教学学术，把对教师在教学学术方面的期望通过制度融入他们的工作，营造敏于观察教学现象、善于

研究教学问题、勇于发表教学见解的氛围。第二，要制定教学学术制度，规范教师教学行为，激励教学成就，搭建教师教学学术发展的平台。

（二）构建教学学术主导的评价机制

教学中心地位的突出很大程度上取决于评价机制的有效促进。在教学学术日益凸显价值的今天，应该构建以教学学术为主导的评价机制，加大教学学术在绩效考核体系中的权重，有针对性地对教学工作做出评价。第一，制定突出教学中心地位的评价指标体系。把教师对教学内容的选择与创新、教学方法的灵活运用、教师之间的互相交流与合作、教学的反思与研究等纳入教学评价中。第二，要建立同行评价机制。同行专家在专业领域具有权威性，更能够理解教学学术的意义，掌握着本专业教学的规律和评价标准，他们的评价往往能让其他教师接受，他们的肯定会使其他教师精神上得到满足，进而调动其教学积极性，促进其教学学术水平不断地的提高。

（三）促进教学管理制度的系统化

在实际的教学管理中，制度完善和系统化是突出教学中心地位的关键。因此，我们应该以教学学术为主导，进一步完善教学准入制度、教学研究制度、教学交流与表达制度、教学质量管理制度、教学改革制度、教学反思制度、教学档案管理制度、教学经费投入与使用制度等。教学准入制度的完善将会改变过去的高校教师资格门槛过低的情况。通过准入制度可以对教师的学历、学位做出更高的规定，同时可以制定退出机制，进而保障了从事教学的教师教学学术水平。在教学质量管理制度方面，要构建教学信息获取机制，全方位、多渠道了解教学实际，进而对教学质量做出准确的合理评价，真正保障教学质量。教学档案管理制度将成为教学评价真实可靠的依据，为教师教学学术水平的发展和提高提供参考。

凡此种种，教学管理制度的制定务必要围绕教学学术来完成，每一种制度的制定和完善都要与其他制度相协调、不冲突，才能够发挥管理制度的整体功能，从而使教师教学学术的发展得到保证。如果各种制度之间缺乏协调、各自独立或者各种规则出现矛盾，那将失去教学管理制度保障教学学术正常发展运行的功能。因此，各类教学管理制度要系统化，互相组合成为整体。

（四）构建教学学术主导的激励和约束机制

激励约束是主体根据组织目标、人的行为规律，通过各种方式，去激发人的动力，使人有一股内在的动力和要求，迸发出积极性、主动性和创造性，同时规范人的行为，朝着激励主体所期望的目标前进的过程。在多数高校的教学管理制度中，激励和约束机制行政化程度过高，激励不到位而约束失位。以教学学术为主导的激励和约束机制应该平衡激励和约束的关系，使其相得益彰。就激励机制而言，高校应该以教学学术为中心设立奖项，激励教师探索教学、研究教学。例如，可以设置基于同行专家评价的教学成果奖、教学创新奖，并将这些奖励纳入教师晋级之中。同时，建立教师发表机制，鼓励教师公开教学成果。高校应该为教师教学学术发展搭建平台，为教师在一定范围内公开发表教学见解、交流教学经验、彼此评价教学效果等，进而使教学的学术地位得到承认，使教师在一定范围内得到赏识，进而树立信心，促进其教学学术水平得到提高。

仅有激励不足以充分发挥教师的教学学术水平，还必须建立有效的约束机制。高校可以建立多层次的教学质量监控体系来约束部分教师的不良教学行为，使教师能够按照制度要求规范各自行为，认真履行职责，确保教学质量，改变教师“重研轻教”的倾向。而且约束机制要宽严适度，既有规则又具有灵活性。

激励和约束机制是一体两面、缺一不可。因此，为了充分调动教师的积极性，使其发挥教学潜能，既要以各种激励措施来激发教师从事教学的主动性，还要通过约束机制规范教师不良教学行为，两者互相依存，缺一不可。因此，我们要平衡两者之间的关系，使其相得益彰。

一言以蔽之，教学管理的创新必须有教学学术来主导，围绕着教学完善制度，构建机制，贯彻有效措施，平衡各种关系，才能真正提高教学质量，回归大学本位，进而办让人民满意的教育。

第八节　基于知识管理的高校教学管理创新

高校教学管理是高校管理的核心，知识管理是伴随着知识经济应运而生的一种新型管理理论。本节以知识管理与教学管理创新相结合为基本点，对知识管理与高校教学管理创新相结合的实现途径进行了阐述，旨在使高校重视和运用知识管理来推进教学管理创新的步伐，以此来增强高校自身的竞争力。

一、高校教学管理的现状、内容及价值链构成

高校教学管理的现状。长期以来，高校为谋求自身发展，在教学管理方面均采取了相应的改革措施，使教师在专业技能、教学质量及学生的学习方法、成绩测定等方面有了很大的改进和提高。虽然如此，高校教学管理还存在许多不尽如人意的地方，如教师显性知识获取的积极性不高；教师缺乏学习和知识共享的气氛；教学管理环节多且管理混乱，管理效率低下；教学管理中违背教学规律等现象比较突出；学生缺乏学习知识的积极性，不但理论知识学习掌握不够，而且实践能力和适应社会发展的创新能力低下等。

高校教学管理的内容及价值链构成。高校教学管理是由两个紧密联系的价值链条构成的：一是教师管理及教学效果评价价值链；二是学生学习及创新能力培养效果评价价值链。两个价值链条相互依存、相互影响。

从以上价值链的构成来看，在整个教学管理中，无论是对教师还是对学生的管理，其

内容都构成了一个完整的、复杂的系统工程，而且每一个方面都表现知识的存在和知识的运用。

二、高校教学管理创新中实施知识管理的必要性

知识管理是高校教学管理创新工作自身发展的需要。高校只有通过教学管理创新，才能使知识的传授在学校与教师、教师与教师、学校与学生及教师与学生之间有机地联系起来，更能创造一种教师和学生所拥有的显性知识与隐性知识互动的机制和平台，特别是教师将创造出的新知识传授给学生，最大限度地满足社会发展的需要，这正是高校得以生存发展的根本。

科学的知识管理模式能使高校教学管理创新工作实现有效管理。高校教学为适应培养复合型人才的需要，必须引入知识管理的管理模式，采用现代技术手段和管理方法对教学过程实施有效管理。高校教学管理中成功实施知识管理，可以充分激活人与其所拥有的知识两大管理要素，可以使教师所拥有的知识得以最充分的运用，并对其更加合理的组合，其中对人的“智力—教师”这一核心要素的挖掘最为关键。

推进知识管理是高校自身特点的要求。高校智力和人才、研究开发能力、创新能力等与企业存在差别而有其自身的特点，而高校的发展，就需要充分发挥智力资本和人才优势，提高研发和创新能力，在客观上决定了高校教学管理创新中知识管理的紧迫性。

三、知识管理与高校教学管理创新的关系分析

知识管理为高校教学管理创新提供了基本理论支持。从教学管理价值链构成要素看，对教学管理整个链条的战略谋划、每一个环节的组织协调、前瞻性或者创新性知识的获取及传授、教师实践能力的提高、学生实践能力的培养及教学效果的评价等，都需要以全面、系统、科学的理论为依据。教学管理战略是在通过知识管理对来自学校所需人才信息进行深入分析的基础上、对复杂多变市场环境的把握上，对人才培养面临的机遇和挑战做出灵敏反应，以准确预测市场发展变化趋势，进而使教师所获取和传授的知识符合市场发展的要求；知识传授与学习过程不仅需要教师有丰富的、创新性的知识，而且还需要借助于现代化的硬件设备；而实践能力则是为适应市场经济的要求培养应用型人才的客观需要；评价是对教师教学质量、效果，学生学习及接受程度所进行的综合性测试和总结。

知识管理为教学管理创新提供人才资源保障。教学管理创新是通过人来实现的，高校无论是教学管理人员还是教师，其本身都是由有知识的人组成的整体，关键问题是如何发挥人才的作用。因为“人”只是知识、智慧的载体，通过知识管理，可以有针对性地引进并培养高素质的教学管理人才，以强化教学管理创新的战略决策能力，并且通过建立教学管理创新运作机制和完善各项管理制度，充分调动教学管理人才在教学管理方面创新的积极性，以增强高校的核心竞争力。

知识管理促进教学管理创新中知识的共享，提升高校核心竞争力。知识共享的程度越高，给教学带来的利益就越多，但知识还具有高度分散性和隐蔽性，故对知识的共享形成了障碍，使高校教师出于自身利益和竞争的需要面对知识采取垄断的态度，不愿将自己的知识分享给同行或者将自己的内隐知识传授给学生，进而阻碍了知识的传播和扩散。而高校知识管理的实施，就是在知识拥有和知识应用之间架起一座桥梁，疏通知识转化渠道，不断提高知识共享程度，以加快教学管理创新步伐。

知识管理提升了教学管理创新能力。知识管理的最终目的是支持高校教学管理的创新、创意，形成新的管理创新思想和新的管理理念。通过知识管理活动，充分利用知识、内化知识、创造知识、传授知识及运用知识，使创新思想变为现实，不但增强了高校自身的竞争力，也使高校核心竞争力的价值最终得以实现。

知识管理为教学管理创新营造了文化氛围。由于教学管理创新过程需要进行必要的监督，通过知识管理，营造出高校内部教学各单位的协调统一，决策者对学生的关心支持和帮助，健全完善的规章制度的控制、鼓励教师具有进取和冒险、以绩效决定工资报酬和晋升报酬以及失败宽容等内容在内的文化氛围，不仅降低了监督成本，而且向教师和学生提供了一种无处不在的自律监督力量，以此来加快高校教学管理创新的步伐。

教学管理创新是组织知识转化为教学管理创新思想的实践。教学管理创新思想的形成，不是凭空出现的，而是教学管理人员经过知识管理过程，将有用信息转化为教学管理创新理念以后，再进一步将该理念转化为教学管理创新的新思想，进而形成教学管理创新的前提。

随着市场经济的不断发展，高校面临的竞争也日趋加剧，这种竞争实质上是人才的竞争，能否抓住高素质的人才，将直接关系到高校的成败。然而高校人才流失已经成为一种普遍现象，特别是一些规模小、历史短或处在偏远地区的高校，已成为制约部分高校发展的一大因素。教学管理创新实施知识管理，将有助于高校更加重视高素质创新人才机制的健全和完善，造就一支能适应市场竞争的高校人才队伍，满足市场对人才培养和创新技术的需要。

教学管理创新过程是知识管理方法论的运用。教学管理创新思想的形成，仅仅是知识管理开始实践的第一步，为达到预期的目标，还必须进行创新决策、创新实施等环节。因此，教学管理创新过程是知识管理形成的创新思想价值在这一环节的实现。教学管理创新一方面使技术创新思想成为一种现实，另一方面使知识管理过程中形成的系统、全面的组织专业知识在教学管理创新中得到运用。

人才培养素质的提高是教学管理创新中知识管理的结晶。知识管理的最终目的是提高人才培养的综合素质，除人才培养本身的质量之外，重要的是在教学管理创新过程中知识管理实施培养人才在社会实践中所得到的检验。因此，人才培养的社会化过程，实际上就是知识管理理论和方法的实践的延长。这一过程不仅检验了理论的可行性，也体现了知识管理与教学管理创新的价值。

四、知识管理与教学管理创新相结合的实现途径

重视知识管理对教学管理创新的作用。教学管理创新是在高校内部经过整合知识和技能，通过协调和整合教学管理人员、教师的知识和技能，使其发挥最大成效成为高校的生存之本。而这种协调和整合需要有高校文化的长期牵引、激励约束机制的内部动力和科学规范管理的推动，只有当三者达到最佳结合时，才能使高校的教学管理创新得以实现，而结合的最佳手段和方法则是通过知识管理的实施。通过知识管理所建立起来的高校文化、激励约束机制及科学规范的管理制度，才能将涉及影响教学管理创新的各个因素整合起来，进而形成整体和系统优势。

搭建知识管理平台，为教学管理创新提供基础保障。高校教学管理创新是一项长期、复杂的系统工程。因此，必须搭建知识管理平台，通过对知识的获取、分析、存储、共享、利用及评价等工作的开展，为教学管理创新提供基础保障。一是进行知识交流与共享的宣传。通过知识交流与共享的宣传，使教师逐步形成自觉，主动地参与到知识的交流与共享中。二是建立知识网络和创造适宜的环境，主要是将蕴藏在教师个人头脑中的知识同市场信息结合起来，以保证教学管理创新活动的不断进行。三是建立不断进行知识创新的驱动机制，随着高校面对的市场竞争更加激烈，高校拥有领先一步的管理、质量就成了制胜的关键。因此，创造适宜的条件和环境，充分开发和利用高校的知识资源，进行以教学管理创新、提高教学质量、培养更加符合市场经济要求人才为目的知识管理，是高校发展中的一项重要内容。

强化高校的战略决策能力。高校教学管理创新是依据自身的发展战略进行的，而高校的战略决策能力直接影响着教学管理创新，利用知识管理平台，提高对高校人才培养市场信息的收集和分析能力，明确自己的战略定位，明白应该追求什么、放弃什么，并且根据高校发展的不同阶段，不断适时调整战略决策，在保证战略决策能力的有效性和独特性的同时，使教学管理创新长期处在动态之中。

构建高校专业发展的核心力量。高校专业发展的核心力量有存量和流量之分。核心力量的存量是高校专业发展的储备水平，是核心专业发展的基础；核心力量的流量是指专业发展的创新能力。利用知识管理平台，提高高校专业发展核心力量的储备水平及专业发展创新能力，保证高校专业发展存量、流量的增加，使高校自身逐步形成专业发展的核心力量。世界许多知名高校之所以能够生命力旺盛、经久不衰，关键的一点就是其通过持续的研究、创新，不断打造专业发展的核心力量，特别是教学管理方面的创新，使其不断培养出高素质的人才，并持续地进行知识、管理经验的积累和创新，进而加强自身发展的核心竞争力量，使其能够长久立于不败之地。

形成独特的高校文化。高校文化是高校的观念知识和组织知识合成的知识系统，是高校运作理念和核心价值观的体现。如同人一样，一个人最让别人折服的还是个人魅力，高

校文化是高校核心竞争力中最有魅力的部分。在许多高校热衷于复制其他高校甚至国外高校教学管理经验进行人才挖掘时，高校文化就成了高校长期健康发展的动力。

知识管理为高校教学管理创新奠定了理论和方法论基础。教学管理创新为知识管理价值提供了实现过程。因此，两者处在一个统一体中，使高校在实施知识管理的同时，必须结合教学管理创新的实践，使知识管理的理论与方法真正达到与教学管理创新实践的紧密结合，以知识管理助推教学管理的创新步伐，使高校在持续不断的教学管理创新中得到更好、更快的发展。

第七章　新媒体环境下高校教学管理创新研究

第一节　新媒体对高校教育教学管理带来的冲击

在高校教育教学管理过程中，教师通过新媒体的使用不断发展新媒体教学管理内容，通过新媒体的服务属性提升高校教育的教学引导属性，本节就新媒体对高校教育教学管理带来的冲击及对策研究进行简单的分析。

随着我国新课程教学改革的深入、新媒体的不断普及，越来越多的高校教育管理者开始重视新课程教学改革的理念和发展思路。高校教育管理工作中对于新课程教学改革的研究也在不断深入。在这样的教学发展环境和发背景下，新媒体的发展速度和实践检验成果就有了一定的成绩，新媒体独有的教学管理形式以及其教学模式固有的优点都在一定程度上利于其传播，变相增强了高效教学管理发展的效率。

一、新媒体教学模式固有优势分析

新媒体的发展和应用对高校教育教学而言是一个全新的机遇。作为信息化时代的产物，新媒体凭借开放性、即时性和互动性等特征实现了普及，在极大地提升信息传播效率的同时也丰富了信息资源的内容，并且提升了质量，使各行各业的人都能从新媒体中获取对自己有价值的信息。在高校教育教学管理工作中，新媒体为其提供了海量的数据资料，同时也拓宽了教育教学管理的渠道，更加人性化和多样化。新媒体主要以平台的形式出现，这是一种由光、电、声音相互结合而产生的适合不同时间、空间的人相互交流的虚拟场所，尤其适用于高校灵活多变的教育风格。新媒体通过创造出一种大学生乐于接受的教育氛围和情境，成功地在教师和学生之间架起了相互信任的桥梁，符合大学校园自由平等的理念，也便于教育管理者进行价值观输出和思想熏陶。正因为以上种种原因，新媒体教学模式才得以在高校中落地生根，而且目前已经发展到了新的阶段。

从我国目前的高效教学应用和发展来看，新媒体教学模式的固有特点和优势在于，通过新媒体本身可以建立良好的公众平等交流平台。在这个平台上，学生与教师、教师与教师以及学生与学生之间都可以进行良好有效的交互式沟通，不仅可以表达自己对于不同事物和不同教学内容的理解，还能接受到不同的教学信息和别人的认知理解。在这个开放的半社交平台上，还可以发现新媒体教学模式的其他优势。例如，信息流通的速度要远远优于传统的教学模式，而且通过新媒体教学模式进行的信息传播往往可以实现新闻的时效性，从根本上提高高效教学管理的基础价值。相较于传统的教学模式来说，新媒体教学模式的多元化内容是非常有价值的，越来越多的新媒体平台开始出现在高校校园中，这样不仅变相增强了学生的学习资源丰富程度，还能在一定情况下实现平台之间的优胜劣汰，让高校教学管理从根本上进行完善和改革。

二、新媒体对高校教育教学管理带来的冲击

在我国当前的新媒体平台中，比较突出的有微信、微博等，高校学生从自身的使用情况就可以看出这两个新媒体平台的普及程度。学生之间每天都会通过新媒体进行互动和信息交流，不断在平台中树立自己的形象，并与他人沟通增加自己的影响力。这些新媒体平台所蕴含的信息交流价值是巨大的。

在教学内容管理上，新媒体教学模式更是从根本上改变了传统教学模式的弊端，让教师在高校阶段的教学课堂中不再局限于传统的教学思路，在平台化的教学模式和教学发展中，教师有了更加多元化的教学手段和教学思路。从教师本身来说，新媒体教学模式不仅可以帮助自身完善教学素养，提升自己的教学水平，还能在很大程度上帮助教师实现与学校教学教育发展的关联性。教师在不断实践探索的过程中挖掘自身的教学问题，通过新媒体教学模式帮助整个科目教学建立良好的教学体系，而且新媒体教学模式的公开性质使教师不会因为传播途径受到负面影响，对于教师自身的教学水平和教学规划也产生了一定的推动力。

新媒体教学模式本身具有的平台价值对高校教学建设发展来说具有非常大的冲击力，除了上文所提及的部分优势和发展方向外，新媒体教学模式还在一定程度上给高校教学建设管理带来了负面影响，新媒体教学模式简单来说就是平台化教学的推广，在高校教师实践高校教育教学的过程中，平台的推广会伴随一些教学之外的内容进入学生的视野，这些信息对学生的影响不能保证都是正面的，学生接触到的不利因素越多，对学生的影响就越大，例如，近几年影响特别恶劣的校园贷款等。

在师生关系上，由于新媒体技术能够扩大学生与外部世界的广泛联系，学生可以利用网络等各种现代通信技术与其他学生、教师甚至学科专家交流。如此一来，师生之间关系日趋平等，传统教师所固有的权威感逐步丧失，只要教师授课稍不注意就可能受到学生的抵制或者抛弃。

作为高校教育管理的重要组成部分，对大学生的思想道德教育的工作内容主要体现在树立大学生的社会主义信念和价值观上。目前，我国高等教育的思想道德教育的要求是让社会主义核心价值体系成为青年思想行动的根本价值取向和行为准则。但在新媒体时代，网络社会输出的不仅有各种信息，还有各种思想、观点和价值观念。新媒体时代的一大特

征是信息传播的极度自由化。由于其极度自由化的特点，如果社会管理者无法对其进行有效的监控，就会导致宣传暴力、迷信、赌博和色情信息等不良信息的大肆传播；更有甚者，极端宗教主义、分裂分子也可以肆无忌惮地大行其道。

在生活习惯上，新媒体改变了现实大学生活中的许多模式、程序与规则。以网络为代表的新媒体的虚拟性是一把“双刃剑”，可以带给大家一个自由、平等的环境，但缺乏真实情景中的情感流露和人格感染，会对人际交往产生较大的影响。而且，新媒体教学模式的开放性使很多不良企业和不良商家发觉其中的商机，在煽动学生消费的同时还要利用学生周围的社交关系，引导学生产生变相的心理偏激。而且，很多高校阶段的学生在学习过程中喜欢用新媒体来宣泄自身的不满情绪，这些言论如果没有及时得到把控和更正，就会对整个高校建设产生巨大的不利影响，带来严重的教学发展后果。

三、高校教育教学管理应对新媒体冲击的对策

（一）重新审视新媒体教学模式的应用现状

在新媒体教学模式的实践发展过程中，高校教育教学应该伴随着新媒体的渗透而不断前进，在日常的教学环境和教育建设中搭建更多有效的、多元化的教学新媒体，通过这些新媒体增强学生对学校建设的关注程度，提高学生对学校教育建设安排的认知程度。高校在自己建设新媒体平台的过程中不仅可以提升学生的学习兴趣，还能从根本上改善上文所提及的新媒体利用的弱点。

高校建设的新媒体教学平台从本质上来说，具有新媒体教学平台的优点，传播速度快、信息包含广、平台公平公开性良好等。学生与教师在这样的新媒体平台中所能展现的自身价值就更加明显。学生可以在高校学习的过程中将自己对学习的理解和习惯的养成发布到新媒体中帮助其他同学，教师可以在新媒体平台中展现自己多元化的教学方案和教学内容来帮助学生和其他教师。这样不仅可以有效地实现教育管理工作的全面提升，还能让新媒体从根本上实现教育教学的利用基础价值。

就我国当前的新媒体教学建设来看，还有很多的不足之处需要广大教师和工作人员进行改善。需要提及的就是新媒体教学平台构建过程中平台的特性不足，微信、微博等新媒体所能利用的价值是非常显而易见的，而教育教学在发展新媒体技术的过程中所需要考虑的不仅仅是社交环节，更需要考虑教育教学内容的深入落实。这样就使高校建设的新媒体平台不能很好地满足学生的兴趣需求。

教师在利用新媒体教学平台的过程中往往很难实现其他平台固有的特殊属性价值，学生在高校新媒体教学平台中的使用频率和使用黏性很低，而且其他新媒体平台的舆论引导和多元化信息对学生的诱导能力是非常强的，就当前的高校新媒体建设来看，还需要不断在新媒体平台建设中树立良好的价值观，让学生可以正确解决不同的学习问题和生活问题。与此同时，教师应尊重学生的学习主体地位和个性发展，实现教育观念的转变。因为新媒

体环境下的现代人才标准已经逐渐体现为对学生素质综合性、全面性的推崇，并延伸为注重学生的创新精神、实践能力与协作能力，注重学生的心理素质和竞争品质。将“以人为本”的观念贯彻在高校教育管理的日常工作中，在高校内进行人性化管理，让教育管理融入学生生活的每一个方面。这就要求学校的管理层关心学生的内在需求，通过合适的引导与教育来提升这些需求，并且将这些需求引向一个更高的层次。

在新媒体环境下，高校也应该对传统教育管理的内容有所扬弃。在新媒体盛行的今天，我国大学生的教育管理内容不应单单局限于传统意义上的教育内容，我们必须拓展教育管理内容的广度，赋予大学生教育管理更多、更丰富的内涵，将时代发展和大学生的全面发展诉求与大学生教育管理相结合，建立针对性和实效性强的开放创新的大学生教育管理内容体系。为此，笔者认为，一定要从优化大学生教育管理的内容结构入手，全面提升当今教育管理内容的时代适应性，在提高教育管理者对新媒体时代和新媒体技术认识的基础上，加强虚拟环境中的精神文明建设，引导大学生认识网络世界的本质。网络其实存在很多虚拟性和不真实性，培养他们多彩斑斓的网络世界时应自觉控制好自己的言行，避免沉迷于虚拟的网络世界而无法自拔的情况发生。

保留和继承传统教育管理中有积极意义的东西，并且把它发展到新的阶段，也是我们开展变革的非常重要的任务。对此，我们应该把握住传统教育管理中教师形象的实质，即便是在新媒体的环境下，教师仍然要坚持自己作为一名道德模范的职责，作为教育主体，是德育教育过程的组织者，应起主导作用。教师的一言一行直接影响着学生，是学生模仿的对象。教师自身的表率，教师的思想行为、作风品德、工作态度等无时不在感染、熏陶和影响着学生，这是一种生动、直观、极具说服力和感染力的教育手段。

事实上，高校阶段的教育教学建设不仅需要广大教师共同努力通过实践来实现，还需要学生在使用过程中不断地尝试和提供意见，让新媒体教学模式在高校教学管理中真正实现新媒体平台的价值，可以为学校的活动推广进行宣传，成为学校特殊事件的引导平台，有效地实现学校的公益活动，帮助学生实现综合素质的培养和学习习惯的养成，同时还可以有效增加新媒体教学平台的社会属性。

（二）制定具体措施以发挥新媒体的价值

首先，高校应积极转变教育观念，尊重学生的学习主体地位和个性发展需求。新媒体的发展使当今社会的人才衡量标准发生了变化，越来越倾向于从综合与全面的角度考查学生的素质，并逐步延伸至对学生实践能力、协作能力、创新精神以及心理素质和竞争能力等的考察。在这样的背景下，高校教育教学管理必须整体上升到一个全新的层次，根据社会需求培养优质人才，只有这样才能最大化利用好新媒体技术和平台。

其次，高校应及时完善教育教学管理评价体系，提高教育管理者的素养。新媒体对高校的冲击迫使高校要重建大学生教育管理评价体系，并且要遵循“以人为本”的理念将原来简单、粗糙的评价指标进行合理细化，从而对新媒体时代下大学生的教育教学管理工作起到规范作用。而且想要构建满意的评价体系，就必须要求高校教育教学管理者相应地提高自身的新媒体素养。准确地说，高校教育管理者应从基本理论入手，在掌握基本理论的前提下不断学习新媒体技术以达到随心所欲的应用，这样才有可能在实际工作中发挥新媒体的价值。

再次，高校应努力拓展教育教学管理的新阵地。新媒体时代下高校教育教学管理平台必须与时俱进，换句话说就是要开辟出有利于大学生成长的“第二课堂”。对学生而言，开拓“第二课堂”有利于其形成独立的人格，促进其综合素质的提升。而“第二课堂”本身又便于提供丰富多彩的课外活动，这些活动的开展可以反过来帮助教育管理者及时掌握学生的思想行为动态。长此以往，教育管理双方可以在深层接触的过程中增加彼此的感受和认同，无论是对大学生的成长还是教育管理者的工作都具有积极意义。

最后，高校必须对传统教育教学管理的内容有所扬弃。在高校全面实施新媒体教学模式的同时，在教育教学管理的内容上也应该进行合理取舍。传统意义上的教育教学管理内容无论是深度、广度还是指向性都较为不足，必须注入更丰富的内涵，建立更具有针对性、时效性和开放创新的大学生教育教学管理内容体系。具体而言，高校可以从优化大学生教育教学管理内容结构入手，从整体上提升内容的时代适应性，进一步加强虚拟环境中的精神文明建设，引导大学生认识新媒体的利弊，避免其沉迷在网络世界中而丧失思考能力和现实沟通交流能力。此外，高校也应该对传统教育教学管理中有价值的内容进行保留和继承，甚至可以考虑利用新媒体将其发展到新的阶段。当然这一过程离不开广大教师的努力，作为教育教学管理的主导者，教师要坚守自身道德楷模的职责，将新媒体化作一杆“旗杆”，撑起社会主义和时代精神的大旗，带领学生走向光明、美好、健康的未来。

我国的新媒体建设程度在世界上也属于一流，就新媒体平台在高校教育教学的管理发展过程中如何实现其特殊的价值和意义的问题，仍还在不断探究发展思考的过程中，这个过程需要广大教育工作者共同努力，在不断实践的过程中发现新媒体教学建设的特点，针对传统高校教学管理的弊端在新媒体教学模式中寻求解决方式，让新媒体教学模式真正成为新时代具有特殊教学价值的模式。

第二节　新媒体时代高校教学管理体系的改革

教学管理体系是高校的重要体系之一，是提高高校教学质量、教学水平的重要保障。在信息时代到来的今天，高校的信息管理体系应该利用信息技术进行创新，进而能够更好地服务师生、培养学生。本节阐述了现阶段高校信息管理体系存在的问题，并且在此基础上对新媒体时代高校教学管理体系改革与创新的措施进行了研究分析。

高校教学管理体系关系着整个高校的稳定运行和健康发展。随着新媒体时代的到来，网络技术也渗透进人们生活的方方面面，高校教学管理体系也应当顺应趋势，利用新媒体技术进行改革与创新，更好地提高教学管理水平、提升学校的教学质量、促进学生综合素质的发展。可见探究新媒体时代高校教学管理体系的建设有着很大的现实意义及理论意义。

一、高校教学管理体系面临的困境

（一）高校没有意识到新媒体技术的重要性

在新媒体时代，网络信息技术应用于各行各业，为其带来了新的生机与活力，社会的各个行业也都在加强信息技术的建设。然而，高校却未意识到新媒体技术对教学管理体系的重要性，未利用新媒体技术对教学管理体系进行改革与创新。高校缺乏信息化建设的硬件设施，也未对管理教师进行信息技术的培训，忽视了信息化技术建设的意义。高校的教学管理体系仍处于落后的局面，这在很大程度上阻碍了高校教学质量的提升、教学管理水平的进步。

（二）高校教学管理观念落后

高校教学管理理念是教学管理体系的基础。现阶段我国高校教学管理理念落后，严重阻碍了高校教学管理体系水平的提升。当前，高校的教学管理仍旧过分强调集体精神的重要性，而忽略了学生的个性发展，教学管理水平较低。此外，许多高校的教学理念缺乏创新性，仍旧采用传统的教学管理经验来管理学生，管理效率低下，学生的抵触情绪较强。再者，高校的教学管理缺乏预防机制，只重视问题的事后处理，而忽视了建立相应的预防机制，管理水平低下。

二、新媒体时代高校教学管理体系的改革与创新

（一）以信息化管理理念为导向，改善高校教学管理思想

传统的教学管理体系信息交流缓慢、渠道单一、管理效率低下，阻碍了高校工作的正常开展，教学质量的下降也不利于学生的全面发展。新媒体时代的到来，给高校教学管理体系带来了机遇与挑战。高校应当摒弃落后的教学管理思想，改善教学管理理念，以信息化管理理念为导向，认识到高校教学管理体系信息化的重要性，并且借助先进的新媒体技术，对高校教学管理体系进行改革与创新。高校可以开展交流座谈会或进行相关培训，让教师了解学习信息化技术的便利性，教师可以相互探讨交流，对高校教学管理体系的信息化建设发表看法及建议，并鼓励更多高校教师参与到教学管理体系信息化建设中来，改善教师高校教学管理思想，为顺利开展高校教学管理体系信息化建设奠定坚实的基础。

（二）强化高校教学管理设施建设，构建信息化的教学管理体系

高校应该利用新媒体技术构建信息化的教学管理体系，进而提升教学管理的水平，提高教学管理的质量。高校应当利用新媒体技术建设信息化的教学管理数据平台，将高校的教学计划、教学大纲、教学教材、师资情况、学生及教师的档案等进行数据整理，方便查

询及管理，极大地提高管理工作的效率。此外，高校应当加大对信息化教学管理体系的投入，借鉴其他学校的成功经验，引进先进的信息化技术，加大对信息化教学管理体系软件的开发及维护，促进高校教学管理体系的改革与创新。另外，要想实现教学管理体系的有序运行，就需要有完善的教学管理制度。因此，高校应当结合信息化的管理体系建立健全的教学管理制度，促使教学管理体系向标准化、程序化及规范化发展，提升教学管理质量，促进学生的全面发展，同时促进高校工作正常有序运行。

（三）全面提升高校教学管理队伍的素质水平

要想实现高校教学管理体系的改革与创新，人才是关键，因此高校应当注重教学管理队伍素质能力的培养。高校应当定期对管理队伍进行培训，提升队伍的信息化专业水平，并且将信息化技术的学习及实践引入考核机制，激励管理队伍不断提升与进步。高校也可以在校外聘用专业的信息化技术人才，以丰富的管理经验、超前的创新意识等要素去影响和管理队伍，提升高校教学管理队伍的整体素质，促进教学管理体系的不断完善与发展，给学校、教师及学生提供便利，提升教学管理质量与管理水平，为我国高等院校教育改革的可持续发展奠定坚实的基础。

第三节　新媒体环境下教学档案管理

随着信息技术和互联网的不断发展，人类已经进入“互联网 +”时代。随着新媒体广泛应用在教学过程中，教学档案也逐步趋向数字化、信息化。教学档案是教学中的主要参考资料，也是在以往教学活动中的经验积累。受各种因素制约，在当下的教学档案管理中还存在一些问题。本节结合实际情况，对新媒体环境下教学档案管理的发展和应用进行了简要分析。

“新媒体环境”这一概念是相对于传统媒体环境下的新型大众媒体传播环境而提出的。这种新媒体环境主要以计算机和网络技术为技术支持，以手机和电脑等移动终端设备为传播载体，具有时空虚拟性、资源共享性及交往互动性的特点。在这种环境中，教学档案的管理必须要结合数字化、信息化技术的发展，提高档案管理的效率和质量，促进教学档案管理的可持续发展。

一、新媒体教学档案发展优势

（一）丰富档案载体和传播形式

在传统媒体环境中，教学档案管理一般都是以纸质管理为主要载体，以收集内容和登记记录为主要服务方式。这种档案管理方式容易导致档案内容单一，也限制了档案管理的质量和水平。而在新媒体环境下，通过计算机技术和互联网技术，能够构建一个资源极具丰富、传播方式多样化、传播速度快的信息系统，并且能够全天候、不间断地接收和传播各种最新信息。这样一来，教学档案信息就有了巨大的信息来源，同时还能将档案以文字、图片和影音等方式进行存储，进而丰富教学档案的载体。

同时，在以往的教学档案管理中，文本文件和教学声像文件一般都是分开管理。这种管理模式有一个弊端，制约档案管理的效率及档案价值的发挥。在新媒体技术环境中，可以将教学档案中的文字信息、声音信息和视频信息进行统一处理，并且对教学档案进行精确的归类，实施集中管理。这种管理措施既能确保档案信息的完整性，也能进一步提升教学档案的应用价值，还能促进教学档案无纸化管理的实现。一直以来，纸质化是教学档案的主要形式，随着新媒体技术在教学过程中的广泛应用，可充分利用信息技术对教学档案信息进行处理、存放，以实现教学档案的无纸化管理。

（二）档案管理注入新活力

在新媒体发展环境中，不仅可以丰富教学档案的内容和服务形式，同时还能提高全校师生的档案意识，提升档案人员的服务意识，进而为高校档案管理工作注入新的活力。而且，随着档案使用人数的不断增多，人们对信息的需求也不断增加。另外，新媒体也促进了高校档案管理人员主体地位和主体意识的养成，很大程度上调动了档案管理人员工作的积极性和主动性。在新媒体的大环境下，网络信息覆盖，为档案管理人员的创新提供了条件和动力。随着信息技术的应用，学校的各个管理部门可以在短时间内进行教学档案的调取、查阅。在传统教学档案管理模式下，管理人员面临的工作量较大，需要花费大量的时间和精力，进行教学档案的收集、归类等，同时在利用教学档案的过程中，也需要花费大量时间和精力，进行文件查询和检索。而在新媒体的技术下，可充分利用相应的软件功能，进行图像、声音编辑，对传统教学档案信息进行随意分析和组合，并利用计算机设备对信息进行录入或输出，进而使教学档案工作的管理、查询、检索等工作简单化，进一步减轻档案管理人员的工作量。

（三）拓宽档案空间

在传统媒体环境下，教学档案管理无论是馆藏内容还是服务对象都相对比较独立，同时还容易受到时空的限制，导致教学档案管理效率低下。而在新媒体环境中，档案管理人员可以将内容输入到网站中，实现对档案的信息化管理。同时，教学档案管理部门可以创建校友聊天室、信息反馈等栏目，进而实现全校师生共同交流思想、传播信息。这样教学档案管理工作就可有效地打破时间界限，及时掌握外界的动态，并随时跟档案使用者进行沟通交流，有效提升教学档案管理空间。

在拓宽档案管理空间的同时，加强了教学档案的保密性。如果是在人工传统管理模式下，很容易受多种因素的影响，进而导致泄密的情况出现，容易造成严重的损失。而在新媒体环境下，通过电脑信息技术的应用，可将教学档案进行处理，使其成为电脑数据，可最大限度地避免传统信息管理模式下信息泄露的情况，同时提高了教学档案信息的管理能力。在传统的人工管理模式下，学校的档案部每年要收集大量的教学信息，虽然不会花费大量的时间和精力，但是对档案信息进行归类整理同样也需要耗费一些时间和精力。在新媒体环境下，信息处理部门可利用信息技术，随时随地将教学档案传递到教学档案部门。而档案工作人员会根据档案的实际情况，利用数字化软件和程序，对档案资料进行精确的归类和存储。

二、新媒体发展利用措施

应用新技术。针对当前的教学档案数字化管理中存在数字化程度较低的情况。目前，可以采用以下几种方法促进发展：首先，教学档案虚拟现实技术的应用。在未来教学档案管理中，对于档案文件的管理方式已从最初的真实管理方式逐渐转变为真实与虚拟并存的管理方式。在这种情况下，可充分利用虚拟显示技术，促使教学档案走向虚拟完全三维化。这种虚拟现实技术的应用可最大限度地减少教学档案管理过程中出现泄露、被盗、被毁的情况。其次，多媒体保安监控技术的应用。在这项技术中，报警处理是监控技术的核心，通过报警这一环节，产生一系列的连锁反应，进而利用语音提示等环节，将具体的位置进行提示从而促使相关工作人员采取相应的措施，保证教学档案信息的完整性。再次，多媒体教学档案的信息检索系统，是通过多媒体将数字视频、音频、通信等多种先进技术，与计算机技术融合在一起，促进教学档案的数字化发展。最后，在数字化教学档案中，检索系统具备了非线性结构信息和多媒体形式信息，进而完善了教学档案的检索系统。

在新媒体环境下，档案管理人员必须明确新媒体的出现对档案管理工作的积极影响和消极影响，在此基础上对档案管理工作采取相应的改进措施，同时借助新媒体技术，不断提高档案管理效率和管理技术水平。

第四节　新媒体时代探究式公共管理案例教学

随着改革实践的深入和现实条件的完备，公共管理案例教学作为成熟模式极大地提升了教学质量，在取得成绩、积累经验的同时，瓶颈期存在的诸多不足和出现的若干问题制约了效能发挥和功能提升。依据案例教学的内在特性和项目改革的目的，推广探究式发展成为必然选择，而“互联网+”时代日益普及的新媒体提供了相关有利条件。开展探究式公共管理案例教学必须树立全新原则，发挥多主体的积极性进行教学全过程改造。

在重视培养学生分析问题、解决问题能力的现代教学理念下，如何开展公共管理案例教学，把内涵丰富的公共管理理念与规律、模式、方法高效地传输给学生，引导学生走出课堂，在丰富的公共管理实践中掌握理论知识，形成对公共管理实践的认知，对公共管理现实的考察与审视，进而提高公共管理学科的培养质量，这些都是公共管理学科教育研究的重要内容。因此，在公共管理专业推行案例教学既是当前教学方式的革新和潮流，也契合公共管理的专业性质和人才培养目标的要求。

一、公共管理学科案例教学的基本流程

所谓“案例教学法”，是指在学生掌握了有关基本知识和分析技术的基础上，在教师的精心策划和指导下，根据教学目的和教学内容的要求，运用典型案例，将学生带入特定事件的模拟现场进行案例分析，通过学生的独立思考或集体协作，进一步提高其识别、分析和解决某一具体问题的能力，同时培养正确的管理理念、工作作风、沟通能力和协作精神的教学方式。

案例分析法非常适合公共管理学科，因为公共管理学科的重点不在抽象的推理，而是以问题和案例为基本导向，展开讲授、研讨、模拟训练、案例分析及社会实习，这是公共管理培养方式的基本特色。在大学本科阶段，案例教学一般作为理论教学或者原理讲授的辅助手段，明显有助于减轻“纸上谈兵”的弊端，有利于汲取前人的经验教训。一般通过基本操作流程便可以解决传统教学存在的问题。

首先，设立公共管理案例教学的基本假设。任何一种教学理论、模式和方法都有其自身的预设前提。传统教与学模式的基本假设是：教学过程是单向流动，即从教师流向学生，教师是知识、真理与智慧之源，学生通过教师获取知识是唯一高效而可行的方式。而公共管理案例教学的基本假设是：学习主要靠学生自己积极主动地去参与案例的讨论与分析，通过摸索、体验和领悟来学习，所学的知识、技能与经验是直接的、第一手的。学习不仅是个人的单独活动，更应该是一个群体的成员之间进行互动的集体活动过程，教师的职责是激励学生学习，在课堂上创造一种良好的学习环境。

其次，明确公共管理案例的分类特征。按照内容标准，公共管理案例大体包括用来记述和说明公共事业管理实践中发生的事件、政策和决策全过程的说明型，以政府决策者为服务对象和为特定问题提供来龙去脉、不同见解、结果评估的政策咨询型，提出理论假说、进行经验检验和创新认识的理论发现型三大类。在选择案例进行教学时，必须特别注重案例选择。

再次，所选案例的内涵具有多种维度和典型性，涉及政治学、管理学、经济学、社会学等多门学科，也可能涉及政府、企业、民众等众多方面，与一般的故事、事件不同，案例具有特殊情境里的普遍意义。所选案例要具有概括性与可讨论性，不能仅仅停留在“流水账”上，同时案例的层次要清晰简洁。所选案例应该具有问题导向性，问题的形式可以多种多样，或者是开门见山，明确地提出问题让学生思考、分析；或者曲径通幽，将问题隐藏在一般描述中，引导学生通过深入思考发掘问题。

最后，掌握公共管理案例课堂教学的操作技巧。简单案例，如芝加哥式（芝加哥大学首先开发使用），即“案例研究”。一般是在讲课过程中给学生分发案例，让他们研讨。师

生一起站在局外人、旁观者的角度，客观地讨论问题的发生及解决并找出管理的一般原则和原理。复杂案例，例如哈佛式（哈佛大学首先开发使用），即“案例分析”。案例分析要按一定程序进行，例如问题是什么？事实和原因在哪里？对策是什么？等等。其目的在于提高学生解决问题的能力和判断力，重点放在解决问题的过程上，所使用的案例多是现实中发生的相当复杂的管理问题。哈佛式和芝加哥式的重要区别在于：不是以客观的局外人的立场，而是以主观的当事人的立场来分析，参加者要把自己当作案例中的领导者或者参与者，身临其境地进行分析和决策。

二、公共管理学科案例教学的主要误区

虽然公共管理是实用性很强的学科，但其产生、发展及应用都是有一定理论体系的。理论和知识是一般性东西，是发现问题、分析问题的原则和指导，但如果缺乏专业基础理论知识，仍难以深入研究或仅停留于就事论事，获益不大。因而，案例教学必须以理论教学或“原理”的讲授为前提或基础。因此在操作中，若案例过于简单、浅白也不具。

教师对案例教学的内涵及目的认识不到位，对案例教学进行简单化理解。而根据小劳伦斯·E. 林恩的观点，案例教学的目标主要如下：激发学生对一个主题或问题的兴趣和求知欲；增进学生对不熟悉问题或材料的了解；能传达基本事实、信息；加强对理论的理性理解及应用；提高批判性、分析性和推理性技能；促进作为一种智力技能的决策能力；参与者需互相分享经验；提高行为性和社交性技能；使参与者倾听和尊重他人意见并传达共识；增强个人信息和促进提出观念（思想）的意愿；改变对一些问题、观点、组织或特殊人物的态度；提高作为一种社会性或政治性过程决策方面的技能；促进一些制度的转变和改进，以及解决社会问题的愿望，提高解决社会问题的能力。

适合我国国情的高质量公共管理案例较为匮乏，案例更新速度慢，没有形成体系化的案例库，教学案例编写紧迫而重要。公共管理学科的课程取向包括：慎思明辨的思维能力，重视分析视角和思维角度，注重公共管理学科的形而上分析；关心社会公共事务的热情，即要求学生对国事、天下事，事事关心；崇尚民主法治的精神，即对学生进行现代公民素养的熏陶和灌输其公平、正义、平等的理念；掌握解决公共问题的技术和方法，即培养掌握公共管理需要的专业技能，能综合运用各种技术和方法解决公共管理与公共政策问题；以及适应社会主义市场经济发展和依法治国、依法行政需要的高层次、应该用型专门人才。

在现实中，由于对公共管理案例教学特性缺乏深入认知而出现如下几种看法：一是无用论，认为学生之间通过交流不成熟的意见学不到任何东西；二是低效论，认为案例教学是低效的，要花费很多的时间才能涉及主题；三是错位论，认为学生付费是为了听教师讲，而不是听其他学生讲。

传统上认为，案例教学就是在课堂上使用一两个案例证实课堂上所要说明的理论观点，没有必要进行专门的案例教学培训，这是对案例教学的一种误解，真正的案例教学是一种

没有固定答案的、学生广泛参与的、师生互动式的教学方式，其中包含丰富的理论和教学技巧，需要教师经过自学、培训、相互交流、教学观摩等形式才能更好地掌握。

当前，案例教学在公共管理专业普遍而广泛地开展，在进行多样化教学探索、丰富案例库建设的同时也存在标配化和教学手段、方法上的瓶颈制约。在网络信息时代，学生学习方式、思维方式和信息获取方式发生了重大而全新的变化，案例教学更应该顺应教育发展新趋势，吸取全新的教学理念和教改经验，准确把握公共管理案例教学的基本特征，明确教师和学生在公共案例教学中的角色定位和素质要求。

三、新媒体时代公共管理案例教学的完善

为了尽可能提高公共管理案例分析课程的实际教学效果，必须在科学选择案例的基础上，使情景模拟式、专题研讨式、师生互动式等教学方式方法自然贴切地融入进案例教学中，进而名副其实地做到以案例教学为主线，以相关理论为支撑，以课堂教学为载体，以师生互动为桥梁，以教学评估为依据，以提高素质为目的。

推进探究式学习智能化教学手段的应用。一是建立智能化的互动学习平台。根据课程内容难度以多样化的方式实施个性化分层，创建不同的小组组合方式。针对不同类型的学生，制订不同的教学计划，设计不同的教学任务。使学生在平台的每一次交互都能得到及时反馈。二是推进微课导学。丰富微课制作的素材，拍摄、录制合适的脚本并进行制作，利用互联网云服务平台与学生共享资源。三是结合探究式学习的特点优化课程教学 PPT 设计，更多体现其在学生探究式学习中的引导作用。

首先，以自主性为核心组织教学活动。在教学过程中认真思考如何使课堂“活起来”、学生“动起来”，解决学生被动参与、不能全程参与和参与不足的常见问题。学生在主动参与中以自己的经验和知识为基础，经过积极的探索和发现、亲身的体验与实践，以自己的方式将知识纳入自我认知结构中，并且尝试用学过的知识解决新问题，教师在这个过程中只是一个组织者、指导者和参与者。由于探究内容和课堂教学时间、任务的限制，在具体设计探究活动的过程时，要站在整体和全局的高度用系统的观念进行有意识的设计，逐级推进，系统安排。

其次，以实践性为主线改革教学模式。探究式学习特别强调学生的感知、操作和语言等外部的实践活动，强调学生的直接经验和间接经验的交融与统一，使认知活动建立在实践活动的基础之上，用学习主体的实践活动促进学习者的发展。在课题研究中，需要解决传统教学模式重理论、轻实践的问题，体现实践教学在总学时中应有的比重，强化学生问卷调查、面对面访谈、试点调查、文献调研的能力。

再次，以过程性为标杆创新教学方法。探究式学习追求学习过程和学习结果的和谐统一，并且尤为注重学习过程中潜在的教育因素。在课题研究中应该思考如何创新教学方法，尽可能地让学生经历一个完整的知识被发现、形成、应用和发展的过程。

最后，以开放性为原则完善教学环境。公共管理分析本身的学习目标比较灵活，没有专业基础课明确而具体的学习要求，因此，公共管理分析的课堂教学内容是开放的，探究式学习的过程也是开放的。那么，如何才能打破传统教学封闭的教学环境呢？这也是该课题亟待解决的问题。教师应该尽可能地提供有利于学生大胆创新、实现自我超越的学习环境。学生在探究学习的过程中，能够大胆地提出问题，探讨解决问题的方案，对不同的结果进行分析，进而培养其创新意识和创造能力。

第五节　新媒体的实践教学过程管理和质量考核

实践教学环节是工科院校培养学生实践能力、创新能力和工程素质的重要教学手段，也是学生入职前接触实际生产、获得工程师基本训练、受职业道德熏陶的重要环节。科学的管理和质量考核体系对实习效果有非常重要的影响，但目前参与"卓越工程师"培养的各大高校关于实践教学培养模式的文献鲜见，对传统模式教学反思也不多，对新媒体改进实践教学环节的研究仍旧空白。

一、"卓越工程师"课程体系中的实践教学

2010 年，教育部启动了"卓越工程师教育培养计划"，是促进我国由工程教育大国迈向工程教育强国的重大举措。

（一）实践课程在工程教育课程中的地位

"卓越计划"旨在培养和造就一大批创新能力强、适应经济社会发展需要的高质量各类型的工程技术人才。这需要通过课程改革满足"卓越工程师"成长所需要的知识、能力和素质要求。传统工科院校的教学方法以课堂理论知识讲授为主，学生缺乏自由探索、自主学习和主动实践的环境，这已经难以适应"卓越工程师"培养的新要求。

实践课程作为"卓越工程师"培养的重要途径，在工程类教育课程体系中的地位不断提升。学生所学的理论知识可在实践课程中得以巩固与加深；学生在实践课程中运用知识，提高实践能力、设计能力和创新能力；学生在实践课程中，有机会发现、分析和解决问题，处理现实工程领域的复杂问题，提升综合素养。更重要的是，实践课程提供的体验式学习方式，有利于改变学生被动的学习方式，发挥学生的主体性。

（二）传统的实践教学亟待变革

组织学生赴工程现场参与实习学习，是工科教育课程体系中实践课程的核心内容。但传统的实习已难以适应"卓越计划"的新要求。宁宝宽[①]等人总结了土木工程专业的理论

① 宁宝宽，白泉，黄志强．基于生产实习的土木工程施工理论教学改革与实践 [J]. 高等建筑教育，2012，21（3）：118-120.

学习和生产实习现状（大多普通高校采用分散和集中相结合的形式，即大多数学生几人组成一个小组，自己或者学校帮助联系一个施工现场进行实习）。徐雷等人结合西安建筑科技大学土木工程专业的现状指出：目前我国高校土木工程专业生产实习存在实习场所难以落实；实习管理制度不甚严格；选题制度不健全；总结与管理工作不够细致，执行相对滞后等问题。邓夕胜等人以西南石油大学的实习现状为例，总结了实习单位接收容量有限、学生真正参与生产的机会少等实习过程中存在的具体问题，并提出改革人才培养方案实践环节、实现校企合作、加强自联实习等改革建议。厉广广与王新武为解决高校土木工程专业传统教学模式存在的教学方式和手段滞后、课程相对独立、理论与实践结合度低等问题，提出多方式授课、多层次教学、多专业结合的“三多”综合教学模式。朱运华认为在毕业实习过程中，要充分发挥学生的主观能动性，不断培养学生的创新能力和动手能力，才能将学生所学的基础理论知识灵活运用于解决实际问题，并结合近年指导学生毕业实习的经验，就土木工程专业本科毕业实习阶段的创新目标制定、思想动员和考核制度建设问题展开探索。周林聪和柳志军基于土木工程专业实践教学的培养目标，从教学内容、组织方式、考评方法三个方面分析了目前土木工程专业实习教学存在的主要问题，在此基础上探讨了土木工程专业实习教学模式改革的主要途径和方法。卢文良分析了桥梁工程毕业实习的特点及学生的知识储备情况，从实习时间、实习内容、实习现场、实习管理等角度分析了实习问题存在的根源，剖析了问题存在的原因，提出了优选实习工地、建立实习基地、强化现场讲解、补充实习讲座、完善视频资源等改进措施。

（三）实践教学课程管控面临挑战

在实践教学的课程组织与过程管理上，传统方式也面临挑战：一是学习容易浅表化，以走马观花式的参观为主，难以深入思考；二是互动性较弱，学生被动地看和听，互动参与的机会少；三是过程管控存在盲区，集中式实习教师难以一对一兼顾，分散式的学习则缺乏统一监管；四是质量评价难以精细，实习考核流于形式，实习报告抄袭、应付了事，效果难以达到预期。

因此，加强对实践教学模块的科学设计与过程管控，成为“卓越工程师”培养课程体系中，提高实践课程效能、激活学生主体性、培养学生能力与素养的重要保障。随着互联网信息技术的发展，信息素养成为当代大学生必备的综合素养，为优化实践教学的过程管理提供了新契机。

二、掌上“互联网＋”变革大学生专业实习

（一）“掌上新媒体”的普及

当代大学生已是信息时代的“原住民”，微信、手机 QQ、微博、App、BBS 等新媒体形式日益丰富，成为学习的重要辅助。研究显示，86% 的大学生认为新媒体可以拓展自己的专业视野；43% 的大学生认为新媒体可以提高专业学习成绩；30% 的大学生认为新媒体

有助于改善学生的学习态度和学习动机；34% 的大学生认为新媒体有助于丰富和改进自己的学习方式。

信息技术深度渗透至教育领域，同济大学土木工程学院在教学改革中提出：以“互联网 +”为驱动，探索、实践课内外结合的嵌入式教学、翻转课堂等教学模式，以增强学生学习的自主性。

（二）海量信息环境中的主动学习

新媒体突破了传统实践教学等特定场景的局限，利用手机网络发布公告、传递信息、播放新闻，学生可以随时搜索、补充现场资料，请教、讨论热点难点问题，分享自己的学习心得。主动求知，学生成了学习的主体。新媒体以其互动性、多元化、即时反馈等特征，为提高实践教学的过程管理与学习效能提供了更多可能。

（三）即时互动中的深度学习

在新媒体环境中交互性的社交平台很多，学习变成了师生、生生多方互动交流的过程，从而改变了传统教学信息提供的主从关系。多通道互相回应，将学习讨论不断推向深化。

在一项调查中，70% 的学生认为网络互动可以增进与同学之间的交流，56% 的学生认为可以拉近与教师的距离。受访者中有部分大学生经常访问教师的 QQ 空间，浏览内容并参与互动。此外，大学生还通过新媒体进行自我反思，如撰写日志用以记录或反思等。

（四）自动记录学习过程

新媒体交流平台多为图文形式，方便及时记录学生的学习过程与成果。微信平台中，朋友圈有每日“签到”、“打卡”、“点赞”等功能，可以随时记录每个学生的学习过程。通过文字、语音等多种方式，在“晓黑板”讨论区限时记录学生的学习收获，为开展科学的过程性评价提供了可能。

（五）多元呈现个性化的学习成果

新媒体融多媒体的内容和形式于一身，兼容了文字、图片、视频、音频等多种表现形式，丰富了学习成果的呈现方式。在实践教学过程中，学生可以在微信公众号上发表新闻报道、在 QQ 空间撰写分享电子日记、在“晓黑板”中讨论专业问题。这一新的载体有助于多样化考核，增强了评价的实效性。

第六节　新媒体背景下高校多媒体教室的管理

教育技术飞速发展，高校的教学工作技术化水平也日益提高，多媒体教学逐步成为主流，做好多媒体教室管理工作，为教学提供完善的保障变得意义重大。然而，当前高校多媒体教学实践中，教师对多媒体技术服务的质量并不满意，抱怨颇多。其中的原因是多方面的，但无论何种原因，目前的情形都影响了教学效果。要走出目前的困境，多媒体教室管理部门应该从制度建设、设备条件、管理手段及人员培训等方面，全方位地提升服务质量，保障教学的顺利进行。

随着新媒体技术的飞速发展，人们的生活已经被彻底改变，微信、微博、QQ 在网络的世界里为人们重新建立了活动和沟通的空间。在教学领域同样如此，新技术给教学提供了更丰富的教学手段，为教学带来了无限可能。目前，板书逐步淡出了教育者与受教育者的视野，取而代之的是多媒体课件。以多媒体课件为载体的多媒体教学，凭借对人们感官的全面刺激，迅速抓住了教师和学生的心，在高校教学中已成为主流。然而，技术是一把“双刃剑”，在给教学带来便利的同时，也带来了一定的困扰。这一点在高校多媒体教室管理部门与教师之间表现尤为突出。因此，解决这些困扰，为多媒体教学扫清障碍，让技术真正为教学服务成了当务之急的任务。

一、高校多媒体教室管理现状

高校多媒体教室管理，其本质是服务于人的一项工作。管理人员承担着多媒体教学的支持服务工作，因而，有效评估多媒体管理人员的服务质量，是研究高校多媒体教室管理的主要议题，是保障多媒体教学顺利进行的关键，也是深化创新教学改革的保障。

为此，有学者尝试通过量表的方式对多媒体教室管理人员的服务质量进行科学、准确地研究，设计了包括教学环境、业务素质、服务态度、信任程度、个性服务等五个维度共 32 个题项的问卷，并进行了严谨的调研。其研究表明：教师对多媒体教室管理人员服务期望平均值较高，而实际感受平均值却很低；多媒体教室管理人员服务质量直接影响着教师的未来行为选择，提高服务质量能够有效减少教师的不满情绪、抱怨次数和投诉可能性。

由此看来，使用者尤其是教师对高校多媒体教室管理的现状并不满意，目前多媒体教室管理人员所提供服务的质量急需改善，以师生满意度为中心、提高多媒体教学支持服务水平已经刻不容缓。

二、高校多媒体教室管理问题分析

（一）管理手段滞后，信息反馈不及时

多媒体教室管理工作，看似简单，就是管理好各个教室别出问题，事实上这项工作并不容易。因为多媒体管理部门要协调数百间多媒体教室、管理数百件多媒体设备，同时还要处理大量教师的同时授课，工作量是极大的。做好这些工作，管理手段显得尤为重要。而当前，多数高校多媒体教室的管理方式还停留于纸笔记录、口头传达等看似与信息化时代相脱节的阶段。用这种方式来管理多媒体教室已经暴露出了很多问题，例如：每日的维修记录信息不容易被完整记录、汇总和分析；设备的状态信息无法被及时查看；教师对设备的反馈信息不容易被及时收集和采纳；因获取信息不便，导致调换设备或教室的效率低

下等。相关的问题还有很多，都是由管理手段滞后造成的。

（二）缺乏专业且结构合理的管理队伍

总体来讲，高校多媒体教室管理部门不是很受重视，决定了它们无法形成一个专业且结构合理的管理团队。第一，很多高校多媒体教室的管理人员主要由一到两名计算机专业人员和很多临时工组成。总体来讲，学历普遍偏低，业务能力无法紧跟多媒体技术发展的步伐。第二，由于地位较低，很多高校在对多媒体教室管理人员培训、进修、晋升职称等方面有所欠缺，而这会挫伤多媒体教室管理人员的工作积极性和进取心。因此，多媒体管理人员很难形成结构合理的管理队伍，也就无法保证提供高质量的教学支持服务。

（三）设备条件相对落后于教学软件的发展

随着信息技术的发展，各种教学软件层出不穷，每个教学软件的版本也更新迅速。教师时常会为了教学需要，临时安装一些新的软件，而这些软件对计算机的配置提出了更高的要求。这就造成两种情况：一种是当前的计算机配置无法支持新软件的使用，教师因无法安装新软件会对多媒体教室管理人员提出强烈的意见；另一种是很多教师都按照自己的需要去安装新软件，使计算机的内存严重不足，导致计算机运行缓慢，进而引起没有安装新软件的教师的不满。在这两种情况下，教师最终都会将矛头指向多媒体教室管理人员，造成两者之间的矛盾加深。

（四）任课教师欠缺教育技术能力，误操作现象频发

多媒体教室的各种设备最终是由任课教师来操作使用的。因此，教师能否正确使用，直接关系到教学效果的好坏。现实的情况是，任课教师经常忽视教育技术的学习，对给他们提供的培训也不屑一顾，而在使用多媒体设备过程中他们又经常发生操作不规范或者是错误的现象，导致设备无法正常运行甚至发生损坏。发生这种情况既耽误了正常上课，又增加了不必要的维修量，甚至有的教师还将责任推到管理员身上，无形中增加了管理员与教师之间的矛盾。这种现象在学生社团活动与招聘宣讲中也频繁出现。

（五）设备数量大、变更频繁，导致资产管理难度大

随着多媒体教学的普及，每个高校的多媒体教室都在尽可能地增长，设备数量越来越大。而在日常的维修中，设备变更（如主机交换、备用设备替换等）是经常发生的，整体而言设备的流动性较大。如果多媒体教室分布在不同的楼层，信息一旦更新不及时，很容易造成设备的账物不符，给固定资产管理增加了难度。

三、多媒体教室管理问题的对策探讨

（一）与时俱进，引入信息化管理手段

大数据时代，管理手段的信息化，是任何一个管理部门最终都绕不开的议题。多媒体教室管理部门作为一个信息技术部门更是如此，引入信息化管理手段来统筹管理多媒体教

室设备，方便快捷地处理设备使用者反馈的信息成为必然。

信息化管理手段不必一味追求技术先进，因为最先进的难免会水土不服，而且成本也是一个很大的问题。结合目前的有益经验和实践中的一些成功案例，笔者认为，该信息化管理手段应该包括以下两大功能模块：

1. 面向使用者的功能模块

对于使用者而言，首先，应该了解设备的使用和维护常识。所以，应该有关于设备的使用说明（可图文并茂，有条件的最好进行视频解说）、相关的管理规定、应急预案。此外，为方便使用者申请教室，还应该配上关于教室申请的申请说明。其次，需要提供专门的教室申请功能，目的是避开走纸质程序时的低效，节省使用者宝贵的时间。再次，使用者申请教室需要查询相关的信息，因此应该提供实时的多媒体教室占用信息、教室容纳人数信息及教室分布地图。最后，为便于使用者与管理员之间进行更融洽的沟通，还应该向使用者提供反馈意见的窗口。

2. 面向管理员的功能模块

多媒体教室管理人员对该系统的需求主要分为前台和后台。前台部分，管理员应该能够准确记录设备报修信息。后台部分，是整个系统的重头戏，也是与当今的大数据背景十分契合的，主要承担数据管理和统计分析功能。具体而言，首先，应该能够对前台添加的维修记录进行统计分析；其次，应能对教室设备信息进行动态记录；再次，应与教务系统进行对接以提供实时的多媒体教室占用信息；最后，应该能对使用者提供的教室申请信息进行审核和处理。

有了合理的功能模块，还应该有合适的载体。在如今这样一个智能手机横行的年代，多媒体教室管理系统与手机绝缘是不现实的。所以，在构建系统时，必须同时开发手机版本以适应时代发展的需要。

（二）加强教师的教育技术能力培训

为了使任课教师能正确地使用多媒体设备，掌握多媒体教室设备的操作规程，对教师进行教育技术培训是十分有必要的。如要保证培训的质量，必须要建立相应的培训制度，多媒体教学管理部门应该与教务处、人事处合作，共同把培训工作做好。例如规定必须至少参加一次培训，培训合格后发放相应的证书，没有合格证书就不能申请多媒体教学，将教育技术考核纳入教师的年终考核中。在培训内容上应该涉及多媒体教学的发展史、多媒体教室的使用流程、多媒体教室的组成以及其常见问题的处理方法等。培训时间放在每学期开学初较好，因为教师可以及时地去实践中内化所学习的技能。

（三）加强制度建设和人员培养

高校多媒体教室的管理和维护工作实际上是一个教学服务工作。表面上面对的是机器，实际上面对的是全校的教师和其他教职工。建立健全的多媒体教室管理制度，将会使多媒体教室管理工作规范化、可视化，有利于接受使用者的监督以更积极地改进工作，继而有利于处理好与多媒体设备使用者的关系。

无论什么性质的工作，人员的培养和团队的组建都是关键。相关部门应该更多地重视多媒体教室管理部门，提供专业的技术人员进行多媒体技术梯队的建设；改进多媒体教室管理部门的考核方式，给他们提供更多的晋升机会，以提高工作的积极性。同时，一定要重视多媒体教室管理部门的人员培训，多提供学习和培训的机会（如可以定期组织多媒体教室管理人员和各厂家进行技术交流和学习），全方位提升管理人员的专业技能。

（四）提升硬件水平，合理配置资源

为紧跟教学软件更新换代的步伐，努力提升硬件设备的质量是一件十分紧迫的事情。要做到始终能完全满足教师对设备配置的要求是很难的。所以，一方面要在设备采购时把眼光放长远；另一方面要对现有的资源，根据数据分析的结果进行合理的分配。在采购设备时，把眼光放长远，即在综合考虑成本和现实要求的前提下，着眼于教育技术发展的趋势，采购具有扩展性和延续性的设备，尽量延长多媒体设备的使用寿命。对资源进行合理配置，即根据课程特点、教师使用偏好信息等，对设备按照需要进行统一的资源配置，例如将最高配的设备调整到需求最强烈的课程中去。

多媒体教学已成为高等教育的主要教学方式，因此，其重要性是不言而喻的。相应地，作为多媒体教学的唯一支持服务部门，多媒体教室管理部门也应该获得足够的重视。不仅外界要重视多媒体教室管理部门，自身也要对自己的地位和重要性有清醒的认识。有了重视和认识，多媒体教室管理部门应该尽快从硬件、软件、管理手段及制度建设等方面全方位地提升自己的服务质量，做高校教学工作最坚强的后盾。

第七节　高校新媒体建设管理办法

随着新媒体技术的不断发展和成熟，新媒体在高校教学科研、思政教育、管理服务过程中发挥着越来越重要的作用，本节通过领导重视、搭建平台、完善制度、丰富内容、形成机制等五个方面构建了体系化的高校新媒体建设管理办法。

新媒体以传播速度快、覆盖范围广等特点，在新闻传播和舆论扩散方面日益发挥重要的作用。新媒体主要包括微博、微信、公众号、QQ、易班网、易信、人人网、今日头条、App、网络视频、移动电视等各类新媒体平台。高校新媒体在提供信息服务、展示学校形象、传播校园文化等方面发挥着越来越重要的作用。做好高校新媒体工作可以内聚人心、外塑形象，做好宣传工作，需要统筹谋划、全员参与、多方联动。为进一步加强校园新媒体建设管理，充分发挥各新媒体平台在展示学校形象、发布新闻信息、网络舆论引导、网络文化建设和提供社会服务等方面的作用。本节提出了一套高校新媒体建设的管理办法。

一、领导重视，统筹规划

学校党政要高度重视新闻宣传工作和学校新媒体建设，积极构建新形势下“人人参与、人人有责”的大宣传工作格局要求；定期召开学校层面的宣传工作总结和计划大会，对先进集体和个人予以表彰，且成立专门的新闻工作组织，统筹做好学校新闻宣传工作；组织系列新闻宣传专题培训，定期进行宣传工作技巧培训和工作交流。

二、搭建平台，组建队伍

开通学校官方微信公众号等网络平台，以“互联网+思政”为主线，发布与学校师生密切相关的信息，作为学校各单位、各班级、学生组织等突出个人、突出事件的宣传展示平台，分众化、对象化服务了全院师生学习生活、工作发展，讲好校园故事，传递学校声音。同时，要以微信公众号为依托，成立新闻工作站学生组织，专门进行微信编辑、后台维护和公众号宣传等工作。

为提升各学院、专业、班级、学生组织层面新媒体宣传工作实效，应该组建以班级宣传委员为主体的学生信息员队伍，强化班级宣传意识，畅通学院、专业、班级、学生组织信息上报机制，构建班班参与、人人有责、全校联动的宣传工作网络体系。通过信息员QQ群和微信群，将每天的信息推送及时转发至各班级的QQ群和微信群。

三、完善制度，畅通机制

“无规矩不成方圆”，规范的工作制度是各项工作顺利开展的有力保障。高校新媒体建设需要建立包括以工作机制、组织纪律、审核发布制度、工作站成员考核等为主要内容的新闻工作章程；以信息员的工作职责、信息上报流程、投稿须知、考核评优机制为主要内容的信息员工作制度；以坚持正确舆论导向、内容创作、审核校对、领导签发为主要内容的信息审核签发制度等多个在内的工作制度。

四、有理有趣，内容丰富

在“内容为王”的新媒体时代，想要吸引更多的人关注，就必须从内容上下功夫。高校新媒体建设需要本着“有理有趣”的原则，通过创作有思想、有品质的网络作品，讲好“校园好故事”，传播“学校好声音”；主要发布内容包括以思想政治教育体系中诚信教育、安全教育、防骗教育、文明礼仪教育等线上教育为载体的“思政专题”模块；以学校党委、各党支部、团支部活动为依托的“党团活动”模块；以重大纪念日、学习宣传十九大精神为主要内容的“时事政治”模块；以优秀个人为代表的“个人风采”模块；以班级、学生组织为内容的“集体展示”模块；以学校教学科研、管理服务动态为主要内容的“学校动态”模块，具体来讲就是“言之有物”、“言之有趣”。

“言之有物”是指日常发布内容要丰富。通过创作有温度、有思想、有品质的优秀网络思政教育作品，分众化、对象化加强学生网络思政教育，同时为学院各班级、学生组织和个人提供宣传展示平台，服务师生学习、工作、生活、发展，凝聚师生情感，宣传学校发展成就。要以图文的形式展示时政新闻、集体活动、个人风采等丰富多彩的内容。

“言之有趣”是指推送内容在形式上要有趣味性。通过将“00后”大学生喜闻乐见的表情包、漫画、微视频等新元素融入防诈骗教育、宿舍用电安全教育、大学生文明礼仪教育等主题的推送中，寓教于乐。

五、形成机制，应对舆情

做好高校学生舆情收集工作。做好高校学生舆情收集相关工作是舆情危机分析工作和建立预警机制的基础，只有及时、准确地掌握真实、全面的信息，才能准确地做出判断分析。舆情收集机制的建立关键在于要畅通信息收集来源，构建由学生干部等骨干学生组成的覆盖点、线、面的全方位信息渠道，全面、准确并且及时地收集各类信息，建立舆情搜集情报网络。建立舆情员制度，及时收集学生网络舆情，便于提前准确预判，将问题解决在萌芽阶段，防患于未然。

形成网络舆情定期分析制度。要对舆情形成定期分析制度。通过舆情搜集、引导、分析机制，统筹谋划，按照搜集的舆情信息进行分类汇总、定向预测、定期反馈，增强分析评判的针对性和有效性，重视舆情的调查核实，形成有价值的专题舆情分析报告，为学校决策提供准确信息。

建立高校网络舆情引导机制。高校网络舆情会影响学校的正常教学科研，甚至会影响社会的稳定。则必须加强预警、有效预防、妥善处置，建立科学规范、行之有效的舆情引导工作机制。一是要明确责任，落实责任主体；二是要健全制度，建立完善机制；三是要完善手段，强化技术管理；四是要培育网络评论员，让立场坚定的学生骨干及时进行相关热点信息的发布传播和舆情引导，并举以保持校园的和谐与稳定。

做好高校新媒体工作，要多学、多看、多做，积极推动工作平台从“传统”向“新兴”拓展，需要从现实环境向虚拟网络延伸，让工作插上“信息化的翅膀”。通过建立线上组织和平台，把线上活动与线下活动结合起来，发挥好互联网为思政教育工作提供信息宣传平台、教育管理、互动交流、密切联系学生等作用。主动占据互联网舆论传播制高点，加强对互联网热点问题的引导和应对，关注校园生活，宣传校园文化，加强政策解读，回应学生关切，掌握网上舆论主导权，不断地发现问题、分析问题，更好地发挥新媒体工作在立德树人、服务学校发展中的作用。

参考文献

[1] 汤宇帆．以人为本的信息化教学管理模式分析 [J]. 电子技术，2022.

[2] 汤宇帆．基于新媒体的校园管理模式分析 [J]. 电子技术，2020.

[3] 汤宇帆．民办高校大学生社会主义核心价值观培育和践行的实现路径浅析：以西京学院为例 [J]. 才智，2020.

[4] 刘宇，虞鑫，许弘智，等．“双创”背景下创新教育的实践、效果与机制研究 [J]. 现代教育技术，2015，25：106-112.

[5] 陈从军，姚健．“双创”背景下高校辅导员工作的思考与探索 [J]. 科技创业月刊，2016，29：64-65.

[6] 刘国余．会计双语课程柔性教学模式探析 [J]. 商业会计，2016：119-121.

[7] 杨思林，王大伟，唐丽琼，等．“双创”背景下高校课程考试改革的思考 [J]. 教育教学论坛，2016：77-78.

[8] 许彩霞．创新创业背景下应用型高校人力资源管理专业实践教学体系改革研究 [J]. 鸡西大学学报，2016，16：23-26.

[9] 马一铭．大学生自主创业的困境与对策分析 [D]. 西安：西安理工大学，2015.

[10] 黄杰．“许昌模式”背景下大学生创新创业教育模式探索 [J]. 决策探索，2016：38-39.

[11] 孙海英．“双创”背景下文科大学生创业现状、机遇及对策分析 [J]. 成都航空职业技术学院学报，2016，32：15-18，22.

[12] 张格，高尚荣．以高职生学习动力机制为导向的高职教育教学改革 [J]. 江苏科技信息，2016：37-39.

[13] 吴颖珊．高校教育教学改革的动力机制探讨 [J]. 重庆科技学院学报（社会科学版），2012，：165-167.

[14] 曹月盈．高校计算机基础教育创新教学模式探究：评《高校计算机教育教学创新研究》[J]. 教育评论，2017：166.

[15] 荆媛，唐文鹏．新时代下高校思想政治教育教学方法创新研究：以主旋律歌曲为视角 [J]. 中北大学学报（社会科学版），2017，33：65-68.

[16] 周湘林．以学生学习为核心的高校教师教学评价方法创新研究 [J]. 现代大学教育，2017：93-97.

[17] 华宝元 . 教育管理学四大范畴视角下高校体育教学管理创新研究 [J]. 广州体育学院学报，2017，37：107-109.

[18] 李小兵 . 互联网媒体视角下高校体育教学创新研究 [J]. 赤子（下旬），2017.

[19] 吴小川 . 高校音乐教育教学模式的创新研究 [J]. 魅力中国，2017.

[20] 王天恒 . 从毕业生质量追踪探究高等学校本科教学改革 [D]. 成都：西南交通大学，2007.

[21] 王淼 . 我国高校教育改革模式研究 [J]. 教育现代化，2016，3：284-285+288.

[22] 苗峰 . 高校课堂教学管理现状及对策研究 [J]. 兰州教育学院学报，2015.

[23] 李友良，何勇 . 高校教学管理信息化的现状及对策 [J]. 教育与职业，2015.

[24] 柳亮 . 高校教学管理人员继续教育现状及对策 [J]. 继续教育研究，2014.

[25] 王廷璇 . 浅析高校教学管理现状及改革对策 [J]. 新西部旬刊，2011.